创新顾客口碑效应形成机理及管理策略：面向创新社区的研究

林萌菲　金焕　著

哈尔滨工程大学出版社
Harbin Engineering University Press

内 容 简 介

社会化媒体的发展带来了口碑营销的革命,口碑营销管理正日益得到理论界和实业界的关注,然而创新顾客口碑的传播模型仍是一个未被充分探讨的研究主题。本书遵循提出问题、分析问题、解决问题的逻辑,运用扎根理论、问卷调查法、实验设计等方法,确定"创新顾客口碑"的整体概念模型,开展"心理变化视角下顾客参与创新对心理依附的影响""心理变化视角下顾客心理依附对口碑推荐的影响"以及"知识匹配视角下创新顾客知识对口碑推荐的影响"三项子研究,并对研究论题进行实证检验。

本书以企业管理人员、营销管理类学者和研究人员为读者对象,具有较高的理论价值,对于企业运营创新社区的营销实践有一定的指导意义。

图书在版编目(CIP)数据

创新顾客口碑效应形成机理及管理策略:面向创新
社区的研究/林萌菲,金焕著. – 哈尔滨:哈尔滨工
程大学出版社,2021.7
ISBN 978 – 7 – 5661 – 3193 – 5

Ⅰ.①创… Ⅱ.①林…②金… Ⅲ.①品牌营销
Ⅳ.①F713.3

中国版本图书馆 CIP 数据核字(2021)第 142735 号

创新顾客口碑效应形成机理及管理策略:面向创新社区的研究
CHUANGXIN GUKE KOUBEI XIAOYING XINGCHENG JILI JI GUANLI CELÜE:MIANXIANG
CHUANGXIN SHEQU DE YANJIU

选题策划	包国印
责任编辑	卢尚坤 田雨虹
封面设计	刘长友

出版发行	哈尔滨工程大学出版社
社 址	哈尔滨市南岗区南通大街 145 号
邮政编码	150001
发行电话	0451 – 82519328
传 真	0451 – 82519699
经 销	新华书店
印 刷	北京中石油彩色印刷有限责任公司
开 本	787 mm×1 092 mm 1/16
印 张	7.75
字 数	193 千字
版 次	2021 年 7 月第 1 版
印 次	2021 年 7 月第 1 次印刷
定 价	40.00 元

http://www.hrbeupress.com
E-mail:heupress@ hrbeu.edu.cn

前　言

社会化媒体的发展带来了口碑营销的革命,口碑营销管理日益得到理论界和实业界的关注。顾客参与创新实践活动逐渐增多,企业通过品牌社区鼓励顾客主动参与和分享更是成为一种趋势,但同时存在顾客参与创新后续价值没有得到重视,大部分创新社区没有取得预期效果的问题。通过文献梳理可知顾客创新战略和口碑传播已经有了比较丰富的成果,然而创新顾客口碑的传播模型仍是一个未被充分探讨的主题,顾客参与创新后会经历怎样的心理变化,这种心理变化是如何影响口碑推荐行为的,以及企业如何管理创新社区等问题,均缺乏充分的理论依据。

本书遵循提出问题、分析问题、解决问题的逻辑,通过质化研究中的扎根理论方法,按照开放式译码、主轴译码和选择式译码三个步骤,构建出创新顾客口碑效应形成机理的初始模型,分别从心理变化和知识匹配两个视角出发,建立了本书的整体概念模型,运用问卷调查法、实验设计等实证研究方法,对收集的数据进行分析,从而对"心理变化视角下顾客参与创新对心理依附的影响""心理变化视角下顾客心理依附对口碑推荐的影响"以及"知识匹配视角下创新顾客知识对口碑推荐的影响"三项子研究的论题进行实证检验。

本书内容的研究工作得到教育部人文社会科学研究项目青年基金项目"顾客共创的双刃剑影响效应:基于自我提升感知的中介"(项目编号:19YJC630097)、广东省普通高校重点科研平台和科研项目"顾客共创的双刃剑影响效应:基于自我提升感知的中介"(项目编号:2018GWTSCX085)、国家自然科学基金项目"社会化媒体情景下顾客口碑信息采纳决策机制研究:以双过程理论为视角"(项目编号:71972055)的支持。本书在编写过程中,参考了许多专家学者的文献著述,在此一并表示感谢。

著　者

2019 年 12 月

目　　录

第1章 绪 论

1.1 研究背景

1.1.1 现实背景

1. 社会化媒体的发展带来了口碑营销的革命

进入21世纪，一种全新的营销浪潮席卷而来，相比于以大众营销、分众营销为核心的Marketing 1.0,2.0时代，菲利普·科特勒提出了Marketing 3.0时代，并指出这个时代的特点是顾客要求了解、参与和监督企业营销的各个环节。新时代下，消费者不完全信任企业，但却更加信任其他消费者，顾客和顾客间的信任感提升，且新媒体的发展带来了口碑的革命，使口碑传播被赋予了新的意义。顾客上携程网了解和挑选旅行路线、上大众点评网挑选推荐餐厅、上豆瓣看书评或影评后再来买书或看电影……大众传播已经成为必然趋势，在线评论、推荐购买、社交平台分享等口碑形式逐渐显示出其强大的力量。

顾客口碑能够影响产品选择，如顾客更可能购买朋友推荐的 DVD（Leskovec et al，2007）；能够促进信息扩散，如越来越多的顾客倾向于依赖值得信任的人的信息（Goldenberg et al，2001）；还能够增加新顾客的获取（Schmitt et al，2011）、影响新产品的扩散（黄敏学 等，2011）、增加产品销量（廖俊云 等，2016；孟园 等，2017）以及消费者购买决策（冯娇 等，2016；朱丽叶 等，2017）。口碑推荐行为不仅能促使被推荐者还会促使推荐者自身增加购买额与降低顾客成本（张德鹏 等，2014）。Kumar et al（2010）在研究中指出，顾客参与价值（customer engagement value，CEV）的其中一个重要组成部分正是顾客口碑推荐价值（customer recommend value，CRV）。因此，企业面临的实际问题不再是为何要重视顾客口碑，而是如何获取更高质量的顾客口碑推荐，以及如何通过管理顾客口碑取得更好的营销绩效，口碑营销管理正日益得到理论界和实业界的关注。

2. 顾客参与创新实践增多，但创新后续价值没有得到重视

在管理实践中，很多企业非常重视顾客创新所带来的经济效益。波音公司通过"风险共担－利益共享"的全球协作模式成功转型为"大规模供应链集成商"，整合资源后成功开发了新一代"梦幻787"机型。通用汽车在2005年春天推出的悍马H3，就是根据四百多位运动休旅车的车主意见不断修改成型的。Fiat推出传统意大利艺术车的新模型，让顾客从设计选择的定义到广告宣传的创造，都参与其中。MUJI是一家日本的消费品制造商，它同样推出一个类似的产品选择战略，MUJI邀请其热心顾客来评估新产品概念的吸引力，只有获得大量顾客预订（赞成票）的概念才能最终加入产品线。此外，戴尔、宝洁、谷歌、IBM等企业也鼓励顾客积极参与产品的价值创造，从而推动了产品的改善和创新。然而，大多数企业只是更加关注顾客的创新绩效，而忽略了顾客参与创新后续行为中的口碑价值。

以创新为卖点，吸引顾客参与创新体验，并通过网络、社交平台等途径引导顾客进行口碑扩散，已逐渐成为不少企业吸引顾客参与创新和口碑推荐的重要手段。事实上，顾客创

新体验不但可以为企业提供新产品开发的思路，而且在顾客参与的过程中，还可以深化顾客印象，进而促使顾客为企业"代言"。小米的网上电视体验间，路由器的 DIY 组装等，吸引了不少用户参与分享其作品，通过平台上的链接，顾客主动在微信、微博、QQ 空间等网络社交平台上晒出自己的体验或组装过程，并邀请朋友一起参与其中，这些现象说明了企业开始意识到顾客参与创新后会产生口碑推荐行为的价值，并开始尝试引导正面推荐和分享。因此，企业应如何设计创新体验活动来引导更多的顾客进行口碑推荐仍是企业迫切需要解决的问题。

3. 大部分创新社区没有取得预期效果

网络创新社区逐渐成为企业与顾客交流、产生创意、实现创新的重要渠道。比如 Threadless 是一家芝加哥时尚创业公司，每周推出新的 T 恤设计，与其他公司不同，该新 T 恤的设计不是由公司决定推出的特定设计，而是由顾客决定。Threadless 搭建一个强大的用户创新社区，每周在线评估新设计思想的吸引力，每一个设计平均由 1 500 个用户进行评估，最高排名的设计最终将会上架。这种授权顾客参与企业产品创新的形式日益受到很多企业的追捧，顾客创新不但可以为企业带来经济效益，而且创新品牌社区显现出强大的活力和生命力，使得顾客创新由理念转变成为现实。

然而创新社区目前仍处于起步阶段，且发展面临着一些困境：一是企业投入相当部分资源进入创新社区，却没能带来期望的经济收益或回报，用户参与度低、资源流失严重、用户忠诚度低等成为企业的棘手问题（Wang et al,2011）；二是在创新社区中，相比于顾客的主动行为（如转发，写评论，撰写意见反馈等），顾客的被动行为（如阅读评论与评级）却占绝大部分，如何有效激发顾客的主动贡献行为成为品牌社区管理的难点（秦敏 等,2015；Schivinski et al,2016）。因此，从心理层面探讨品牌社区中顾客的心理变化及其产生的主动贡献行为，促使顾客自发进行口碑推荐可以突破并解决目前品牌社区面临的主要问题。

1.1.2 理论背景

1. 口碑行为文献主要基于对普通顾客的研究

口碑传播研究是营销学术界关注的热点之一，口碑推荐研究产生于商业学科当中，如市场营销、消费者行为学、经济学和信息系统等。然而，这些研究更多是基于普通顾客的研究。学术界已经采取了各种研究方法来研究普通顾客的口碑现象。Hennig et al(2004)曾针对口碑动机做出了一项重要的研究，他们在 Balasubramanian et al(2001)的基础上，确定了进行口碑推荐的 5 个主要动机，分别为焦点联系效用（如关心其他消费者、帮助公司、社会效益以及发挥力量）、赞同效用（如经济回报、自我提升）、消费效用（如搜索购后评价）、调节者效用（如提供方便他人和解决问题的支持）以及平衡效用（如表达积极情绪和发泄负面情绪）。Sun et al(2006)也提出了一个综合模型，用于探讨在与音乐相关的交流环境下口碑的前因和后果，并提出，创新、使用网络和社会联系是产生口碑的重要影响因素。Tong et al(2007)研究表明，消费者的认知、执行成本、帮助其他顾客、自我提升、影响企业和经济回报有助于建立信息反馈系统。这些研究为进一步探索创新顾客口碑传播背后的动机提供了一个良好的开端。然而，关于"创新顾客的口碑效应形成机理"的研究仍然十分有限。作为具有特殊个体的理性现象，普通顾客口碑传播的动机并不一定就能解析创新顾客的心理特征及行为背后的原因。

2. 口碑传播的模式和特点发生了变化

随着互联网时代的到来,口碑传播的模式发生了变化。传统口碑传播最初被定义为一种熟人之间的非商业性人际关系沟通的口头形式的传播(Whyte,1954),现在已经演变成一种新的传播形式,即网络口碑传播。网络口碑传播在很多方面不同于传统口碑传播。首先,与传统的口碑传播不同,网络口碑传播具有前所未有的可扩展性和扩散速度。网络口碑传播可使用各种电子技术,如网上论坛、电子布告栏、新闻组、博客、评论网站和社交网站等,促进交流者之间的信息传播(Lee et al,2009)。其次,网络口碑传播比传统口碑传播更具持久性和可访问性。大部分呈现在互联网上的文本信息都已经归档,因此,在许多情况下,至少在理论上,这些信息在无限期的时间内是有效的(Park et al,2009)。再次,网络口碑传播比传统口碑传播更具可测量性。网络口碑传播的表现形式、数量和持久性都能被人们观测到。最后,在大多数应用中,网络口碑传播会降低接收者用于判断发送者和有关他的信誉的能力,人们只能通过网上评分等相关线索来判断企业的信誉度。

在获取口碑方面,企业通过提高顾客满意度(Masoud et al,2012)来寻找意见领袖(Pattnaik,2014)和推荐奖励计划(朱翊敏,2013)等方式来获取顾客口碑推荐,这些方式确实在一定程度上为企业寻找到有价值的口碑来源。然而,互联网是一个相对匿名的媒介(Ku et al,2012),企业的自利行为可能会降低网络口碑的可信度(Resnick et al,2000)。例如,某企业通过雇佣水军来影响在线评论,这些都会影响顾客对网络口碑的信任。由于网络口碑越来越主流化和普遍化,所以是时候注重质量而不是数量(Mudambi et al,2010)。鉴于互联网口碑中相对匿名性和潜在欺骗性,学术界开始讨论口碑的"质量"问题。

3. 创新顾客的后续行为研究引起部分学者的关注

现今,学术界普遍认同这样的观点,即在创新过程中顾客扮演着更为积极的角色(Hippel,2005),并提出了作为价值链的中心体的"领导性用户创新者""顾客共创者"等概念(Seybold,2006;Prahalad et al,2008)。本书将其界定为创新顾客(详见第 3 章)。顾客被越来越多地赋权,并且用这种权利来对他们的偏好进行个人"投票",根据自身的想法来评估产品的价值,做出自己的判断。

在这个过程中,一方面,企业听取顾客的声音,来更好更快地解决特定需求,将顾客视为创新个体并且积极地开发产品,以提供他们愿意负担的产品价位和愿意等待的时间,从而提供给顾客最佳的经济价值(Dahan et al,2002)。另一方面,顾客参与创新能使顾客在他们的互动中获得更大的利益,企业通过与顾客交互设计产品来满足顾客独特的和不断变化的需求。而且,通过顾客和企业的合作可实现符合市场需求的产品并减少浪费,开发出更多有针对性的服务,更好地满足顾客特定的需求,并获得高质量的结果(Liem et al,2013)。与普通顾客不同,创新顾客会带来频繁互动和理解支持,能够加强企业和顾客之间的情感联结,从而提高顾客对产品质量的感知(Pierce et al,2003;Mittal,2006;Norton,2009;Franke et al,2010;Fuchs et al,2010)。深刻的共创体验能够促进创新顾客基于自我体验的口碑传播(Morrison et al,2004;Schreier et al,2007),Schreier et al(2012)通过实验提出"我亲自设计"效应,也有学者同时提出成就感(Franke et al,2010)、心理所有权(Pierce et al,2003;张德鹏 等,2015)等心理因素变化,说明创新顾客的后续行为研究已经开始引起部分学者的关注。

4. 创新社区成为研究创新顾客行为的重要载体

网络口碑平台支持以专业化、非地理范围的形式聚集人们形成创新社区(de Valck et

al,2009)。顾客可以在该平台上讨论产品或服务甚至宣泄情绪,但更重要的是,创新平台可以帮助一些顾客向其他顾客学习如何更好地使用产品或服务。大量的研究表明,在互联网环境下,这些社区在调节企业和顾客关系中发挥了重要作用(Muniz et al,2005;Schau et al,2002;Yeh et al,2011)。在这些研究中,学者指出,企业和顾客通过在线创新平台的互动体验,对于营销人员提高顾客和顾客间、顾客和企业间的参与是非常有用的,因为这些平台允许营销人员利用第一层支持者(即创新顾客)的影响,而这些创新顾客反过来会与终端消费者沟通并影响他们。因此,顾客参与创新体验活动的过程受到顾客社区的影响和实践的调节(Blazevic et al,2013;Kozinets,1999),创新社区平台是研究创新顾客行为的重要载体。

正是基于以上理论和实践背景,本书面向创新社区,以"创新顾客口碑效应的形成机理和管理策略"为主题,分别从心理变化和知识匹配两个视角,深入研究以下两个关键问题:

第一,顾客创新后会经历怎样的心理变化,以及这种心理变化是如何影响口碑推荐行为的。对创新顾客心理变化的探索是研究其口碑效应形成机理的基础,本书从社会交换理论和社会认同理论视角,以期更全面而清晰地阐述创新顾客的心理变化过程,并深入探究创新顾客口碑效应的形成机理,进而构建创新顾客口碑效应模型,为企业更好地管理创新社区提供可操作性工具。

第二,企业应该如何设计创新社区的管理要素,激发创新顾客主动地开展口碑推荐。由于当前在中国创新社区的发展仍处于起步阶段,缺乏行之有效的管理工具,这给企业管理创新顾客带来极大的局限性。

因此,本书将在突破第一个问题的基础上,基于认知匹配理论,进一步探究创新顾客知识对口碑推荐意愿的影响效应,以期深化顾客关系管理理论,为企业管理创新顾客口碑提供工具。

1.2 研究意义

1.2.1 理论意义

1.将顾客创新作为前置变量,为挖掘口碑推荐行为开辟新的思路

鉴于口碑的普遍性,已经有学者开始提出引入"口碑质量"这个变量,并提出"口碑的主流化和普遍化要求,不仅重视口碑数量,而且要更加重视口碑质量"(Mudambi et al,2010)。口碑内容和传播者的信誉均是决定口碑说服力的重要因素(King et al,2014)。虽然口碑已经得到学者的足够重视,但是创新顾客的口碑效应产生机制还没有得到足够的关注(Blazevic et al,2013;Hollebeek et al,2014;Yang et al,2012)。研究表明,在口碑影响方面,相比于普通顾客,创新顾客的质量更高,且更有影响力(Thompson et al,2012;Schreier et al,2012;牟宇鹏 等,2015;Fuchs et al,2010),然而这些研究并没有关注顾客创新是如何影响口碑推荐行为的。本书在大量文献研究的基础上,剖析创新顾客的口碑效应,为挖掘口碑推荐行为及其价值开辟新的思路。

2.明晰顾客参与创新后的心理情感变化

顾客参与创新能够在决策过程中起影响作用,研究指出,创新顾客会对潜在产品产生一定的"战利品成分"(Wathieu et al,2002),因为他们对结果承担部分责任,这能够带来积极的情感(Barki et al,1994;Hui et al,1991),而一种"能做"的态度可能会带来强烈的所有

权感(Pierce et al,2001)。因为当人们被允许积极参与决策并感知到他们可能会影响结果时,这个最终决策会成为"他们的决策"(Hunton,1996),这表明感知的个体与目标物之间的一种关系,即自我与目标物之间的心理联系(Pierce et al,2001)。可以发现,顾客参与创新后,内心会经历一定的心理情感上的变化,本书通过构建理论模型,考虑认知、情感、态度等心理因素,突破传统从提高顾客满意度、寻找意见领袖、推荐奖励计划等方式来获取顾客口碑的途径,明晰顾客参与创新后的心理情感变化,从成就感、顾客心理依附、社区认同等情感因素探索创新顾客的心理特征,通过对心理层面的变化研究实现更为细致地剖析创新顾客的心理认知和情感,为口碑管理策略提供新的研究视角。

3. 确定企业设计创新社区活动的关键要素

不少企业搭建创新平台进行新产品开发,比如 Threadless,这家公司目前几乎完全把新产品研发全权"外包"给顾客创新社区,并取得较好的市场反应。然而,有些创新品牌社区仍然未能取得预期的效益,出现用户参与度低、资源严重流失、用户忠诚度低,以及被动贡献占绝大部分而主动贡献缺失等棘手问题(Ogawa et al,2006;Wang et al,2011;Schivinski et al,2016),当学者和管理人员在吸引顾客加入创新体验和引导顾客进行口碑推荐时,却面临诸如如何设计体验活动,以及如何将创新体验延伸至口碑传播等极富挑战性的核心问题上。这和创新社区体验活动设计相关,如何根据创新顾客的特点设计与之相匹配的活动要素,是解决当前创新社区资源无法持续有效发展的关键,因此,本书选择具有代表性的创新社区平台作为实验背景,通过实验设计确定企业设计创新社区活动的关键要素。

1.2.2 实践意义

1. 帮助企业更好地理解创新顾客口碑的重要性

口碑已然成为日常生活中重要的一部分,人们会和亲朋好友分享新闻、观点和信息(Dubois et al,2013;Packard et al,2013),新媒体社交平台的发展让这种分享更加快速和方便,顾客通过微信、微博和其他通道,每天分享数以亿计的在线内容,如新闻、文章、视频和图片,它包括购买的产品(Chevalier et al,2006)、观看的电影(Duan et al,2008;Liu,2006)和吃饭的餐厅(Chen et al,2013)等,这些分享对顾客做出消费决策影响显著。很多企业认识到口碑的重要价值,但却还没寻找到更加有效和更有质量的口碑来源。这一研究将帮助企业重新审视顾客创新和口碑推荐之间的关系,为企业更好地理解顾客口碑提供了一个新的视角。

2. 为企业引导创新顾客产生口碑行为提供借鉴

顾客参与创新为企业创造价值,创新顾客能够影响顾客满意度,继而影响情感承诺(Dong et al,2014)。与没有参与创新的顾客相比,参与创新的顾客对企业更加满意(Bendapudi et al,2003)。Dong et al(2014)也指出顾客参与和服务质量、满意度是正相关的。本书通过剖析顾客创新影响口碑推荐行为的心理过程,揭示影响创新顾客口碑效应的中介因素和调节因素,提出创新顾客口碑效应形成机制的管理框架,有助于企业根据顾客的心理变化,引导并激励其主动的正面口碑推荐,使企业的口碑营销策略更具成效。

3. 为企业设计创新社区体验活动提供依据

顾客创新是指顾客以信息或付出行动的形式提供生产资源,顾客在这一过程中投入和参与,并产生积极的影响作用,而不只是表现在消费发生的期间或与在场服务人员有联系(Martovoy et al,2012),企业可以从与顾客合作的过程中学习到如何创造价值满足顾客个性化而多变的需求。尽管顾客愿意并且能够与企业分享自己的创意,但关于企业如何更加有效利用创新社区来提高用户效能的研究仍较为缺乏(Hoyer et al,2010)。本书探索创新顾客知识和社区活动要素的匹配度,研究创新社区中体验活动设计要素的调节以及影响作用,对在线创新社区体验活动的设计具有明确的指引作用,有助于企业设计合适的创新体验活动以激发创新顾客的正面口碑行为;帮助企业在设计创新活动时,充分考虑创新活动对顾客口碑调节的影响,使其活动设计更具可行性和操作性。

1.3　研究目标和研究内容

1.3.1　研究目标

立足于企业重视与顾客互动共创价值的现实情境和发展趋势,以创新顾客为研究对象,解决创新顾客产生何种情感、行为反应以及如何实现口碑推荐的问题,从心理变化和知识匹配两个视角,探讨创新顾客的口碑形成机理,为企业管理创新顾客的口碑推荐行为、提高口碑营销价值提供理论指导。

1.3.2　研究内容

本书以创新顾客为研究对象,从心理变化和知识匹配两个视角,基于社会认同理论、动机认同理论、知识管理理论、认知匹配理论等内容,面向创新社区,探讨创新顾客口碑效应的形成机理及管理策略。本书主要包括以下三个方面的研究内容。

1.心理变化视角下顾客参与创新对心理依附的影响研究

该研究针对顾客创新会如何影响顾客心理依附的问题,探讨顾客创新后的心理变化过程。解决创新顾客产生何种情感、行为反应以及对顾客心理依附产生何种影响的问题,为企业了解创新顾客的心理过程、制订管理措施提高顾客和企业的情感联结等现实问题提供理论指导。

2.心理变化视角下顾客心理依附对口碑推荐的影响研究

该研究针对顾客心理依附会如何作用于口碑推荐的问题,探讨创新顾客口碑推荐形成过程中情感性因素的影响作用,以及社区环境在其中发挥的调节作用。解决创新顾客如何产生口碑推荐,这个过程受到哪些因素的影响,为企业了解顾客口碑推荐形成原因,并从顾客情感视角激励其进行口碑推荐等问题提供理论指导。

3.知识匹配视角下创新顾客知识对口碑推荐的影响研究

该研究针对创新社区中的体验活动设计如何调节影响创新顾客口碑的问题,探讨创新顾客知识对口碑的影响以及社区活动设计的调节效应。解决创新社区中企业应如何设计创新活动要素,以及创新顾客知识如何与企业创新体验活动设计匹配的问题,为企业根据创新顾客的知识设计体验活动等问题提供理论指导。

1.4 研究方法和技术路线

1.4.1 研究方法

本书具体运用的研究方法如下。

1. 文献研究

本书广泛查阅国内外文献资料,跟踪关于顾客创新、口碑传播以及创新顾客在创新社区的运用等基本动向,掌握国内外关于创新顾客口碑研究的最新理论。

2. 扎根研究

本书通过深度访谈法从创新顾客处获取第一手资料,然后按照开放式译码、主轴译码和选择式译码三个步骤对所获资料进行深入的分析、整理和归纳,最后通过对概念和范畴的提取构建初始模型。

3. 扎根研究大样本检验

具体方法如下。

(1)问卷设计、问卷测试:在充分的文献研究和定性研究基础上,采用演绎和归纳两种方法设计初步调查问卷。通过问卷测试,对测量量表的信度和效度进行检验,修订测量条目,保证构念的信度、内容效度、结构效度、辨别效度和汇聚效度,形成正式问卷。

(2)数据收集:对参与创新任务的顾客实施多轮次问卷调查。调研设计有三个关键点:一是通过企业访谈、顾客访谈、研究人员观察、问卷条目设置等方式明确调查对象,将调查对象限定为创新顾客;二是收集纵断调研数据,以明确模型各变量的因果关系;三是为了更好地检验以心理依附为导向的顾客创新对口碑推荐的影响机制,本书对特定的、不同类型的顾客社区进行研究,进一步限定调研范畴。

(3)数据分析:本书使用 LISREL、SPSS 等软件进行数据分析,通过可靠性分析、探索性因子分析、确认性因子分析、二阶因子分析等方法检验数据质量,构建测量模型。采用结构方程模型分析、回归分析等方法对理论模型进行检验,构建实证模型。采用中介效应和调节效应分析步骤检验模型的中介机制和调节机制。

4. 实验设计

本书招募在读工商管理硕士在某大学的行为实验室进行研究,最终确定选择智能手机、易企秀等作为创新社区的实验场景。

选择易企秀社区作为另一研究平台,主要是因为易企秀是一款针对移动互联网营销的手机网页 DIY 制作工具,顾客不但能够制作精美手机幻灯片页面,而且可通过自身的社会化媒体账号进行传播、展示业务、收集潜在客户。这正是探究顾客知识水平对口碑推荐意愿的影响路径的良好载体,因此,本书选取易企秀平台作为正式实验场景。

具体实验过程和实验步骤详见第 5 章和第 6 章。

1.4.2 技术路线

本书采用理论研究、案例分析、定性访谈、扎根研究、问卷调查、实验设计等多种方法相结合解决研究问题。根据上述研究目标、研究内容和研究方法,绘制本书总体技术路线图(图1-1)。首先,通过理论研究、案例分析提出研究主题,然后通过定性访谈、扎根研究提出研究论题,构建整体研究模型;其次,采用问卷调查法、实验设计等实证研究方法检验提出的理论假设;最后,总结提出创新顾客口碑效应形成机理及管理启示。

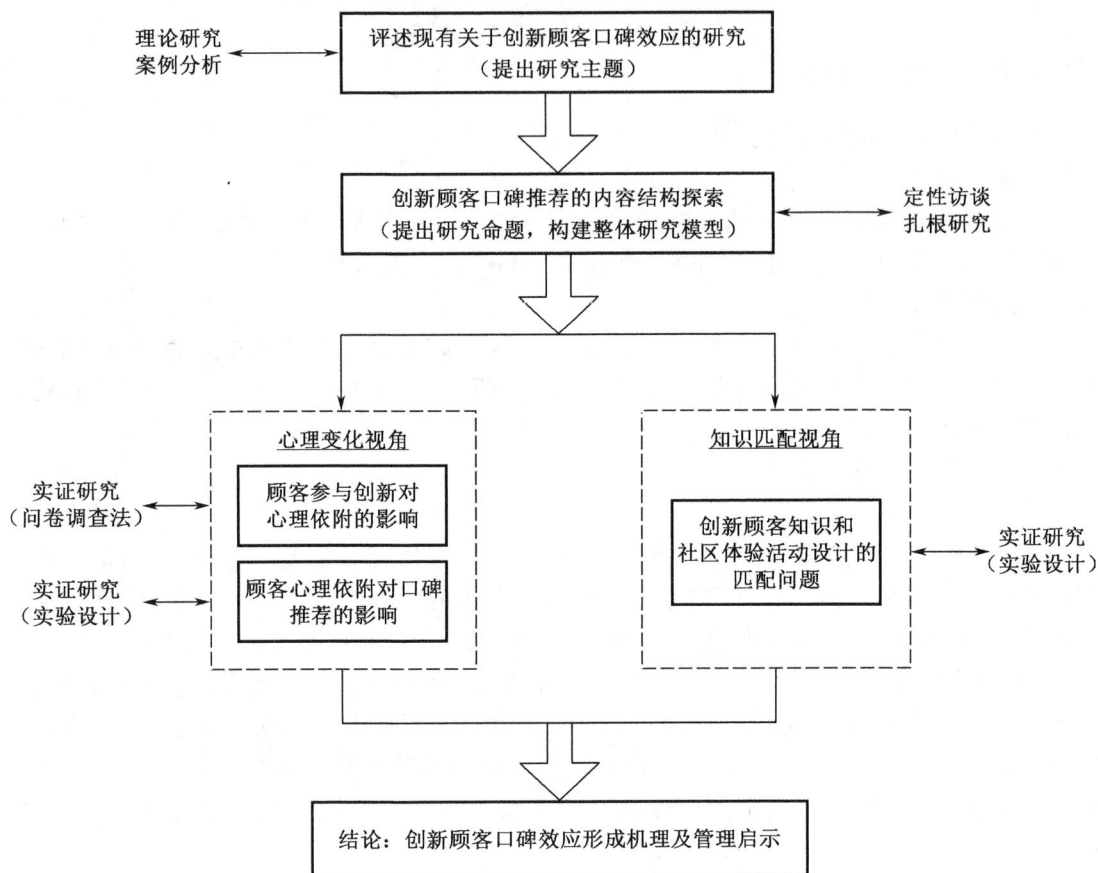

理论研究
案例分析 → 评述现有关于创新顾客口碑效应的研究
（提出研究主题）

创新顾客口碑推荐的内容结构探索
（提出研究命题,构建整体研究模型）← 定性访谈 扎根研究

心理变化视角
实证研究
（问卷调查法）→ 顾客参与创新对心理依附的影响
实证研究
（实验设计）→ 顾客心理依附对口碑推荐的影响

知识匹配视角
创新顾客知识和社区体验活动设计的匹配问题 ← 实证研究（实验设计）

结论：创新顾客口碑效应形成机理及管理启示

图1-1 本书的总体技术路线图

1.4.3 本书结构

根据具体研究思路设计,本书结构主要由7个章节组成,具体内容如下。

第1章为绪论。在阐述现实背景和理论背景基础上,提出本书所要研究的两个关键问题,阐明研究意义、研究目标、研究内容、研究方法、技术路线和主要结构。

第2章为文献研究与述评。对开放式创新社区、口碑传播、顾客参与创新等研究现状进行述评,指出顾客创新、口碑传播已得到许多学者的关注,但创新顾客的口碑效应却尚为理论缺口,所以具有较大的研究空间。

第3章为创新顾客口碑的内容结构探索和研究框架。首先对创新顾客内涵进行界定,通过扎根理论研究方法,找出创新顾客口碑推荐的驱动因素,构建出创新顾客口碑效应形成机理的初始模型,最后确定本书的整体研究框架。

第4章为心理变化视角下顾客参与创新对心理依附的影响研究。基于社会认同理论,构建顾客参与创新对社区心理依附的影响效应模型,通过问卷调查的实证研究验证模型。

第5章为心理变化视角下顾客心理依附对口碑推荐的影响研究。基于社会交换理论和社会认同理论,从社区心理依附和品牌心理依附两条途径探究口碑推荐行为的形成机理,通过两个实验设计验证模型,探索顾客心理依附对口碑推荐的影响。

第 6 章为知识匹配视角下创新顾客知识对口碑推荐的影响研究。基于认知匹配理论,通过两个实验设计验证模型,研究顾客知识对口碑推荐意愿的影响,以及创新平台中不同设计要素对这种影响的调节作用。

第 7 章为结论和未来展望。首先,对本书的结论进行归纳和总结;其次,提出本书的主要创新点;再次,具体阐述本书的实践启示并指出其局限性和不足;最后,对本书未来发展进行展望。

第 2 章　文献研究与述评

2.1　开放式创新社区的研究

本章首先对开放式创新社区、口碑传播、顾客参与创新等内容的文献进行梳理;其次具体对当前顾客参与创新和口碑传播的关系研究进行分析;最后针对文献研究进行述评,并指出创新顾客的口碑效应成为理论缺口,这也正是本书的核心主题。

2.1.1　创新社区的起源和内涵

不少国内外学者开始关注企业创新社区的理论研究和实证分析(秦敏,2014)。创新社区起源于网络虚拟社区,网络虚拟社区代表着口碑营销网络,如果个人对一个产品种类有兴趣,就会去了解有关这类产品的信息。例如购买建议、与其他志趣相同的人交流或互相参与投诉或赞扬(Cothrel,2000),这些在线社区在专业化领域上提供了信息和社会支持,并且成为社会的重要补充和消费行为。有研究表明,84%的互联网用户至少在一个虚拟社区上进行交流。这些新兴的以消费为主要内容的网络社区很受大众的欢迎,同时在线社区上的口碑传播也成了一种普遍现象。

随着网络技术的快速发展,很多企业开始创建社区平台,鼓励顾客共同参与到产品或服务的创新活动中来。开放式创新社区通常是指企业创建或者顾客自发创建的平台,顾客可以自由、积极、创造性地分享信息,提出改善产品的建议,从而参与到企业的产品创新活动中来(Hau et al,2011)。创新社区被认为是顾客创新中一个重要的核心点,有些社区可能完全独立于企业运营,比如,Franke et al(2003)分析了 4 个独立于企业的运动社区,结果表明约 1/3 的社区成员会为改善他们的运动设备而参与产品设计创新。这些发明不仅仅是来源于个人的努力,而且还在很大程度上由其他社区成员合作而来。当然这些影响也存在于企业设立并经营的顾客社区之中(Jeppesen et al,2006)。

随着互联网的普及,创新社区(innovation community)的研究开始引起学者的关注,企业通过非营利的产品社区来收集用户创意,并用于产品创新和企业生产。最初的概念来自开放式创新(open innovation)。随着越来越多开放式创新在线社区的实践出现,创新社区的概念也就产生了。Hippel(2005)出版了一系列关于研究用户创新的书籍,在这里他将"创新社区"定义为用户参与企业内部创新,包括产品的创意、检验和市场化的有组织的协作平台。用户和制造商可以作为成员,创新社区可能是单纯功能化的,也可能要担负起一个社交的(虚拟的)社区角色,包括提供社区成员的社交性、支持性、归属感以及社会认同。可以看到,创新社区定义较为广泛,它是指在参与的个体社区成员中,一个交换创新思想和信息的地方。

2.1.2　创新社区的类型

互联网基础的顾客社区在结构和社会联系广度上面有所差异,它们主要建立在对某产品领域的共同热情和知识的基础上,并且往往是用户虚拟会议的场所,在这里用户可以讨论他们对某种产品的使用经验,并提出对新产品及其改进方法的想法。然而,不同产品的顾客社区它们的目标有所不同,在顾客对产生新想法的开放性和创造性任务方面的热忱也有所不同。在此基础上,一般产品相关的论坛和创新社区有所不同。

在一般产品相关的论坛中,顾客主要交流他们的使用经验,并在改善产品的使用中相互支持,产生新想法或概念不是建立这种社区的中心目标。Henkel et al(2003)调查了产品相关论坛 smart‐club. de,其刚开始时并不是用来进行创新活动的,且数量很少,顾客在上面发表的内容建立在相互沟通的基础之上,而且会对某个创新想法进行辩驳,但是顾客的输入有一定的创新性和详尽性。

创新社区主要关注于产生新想法和概念(Sawhney et al,2000)。因此,它们的创意产量非常的高,并且不局限于口头输出,而是包括更为精细的视觉形式,比如说技术图(Fuller et al,2006)。高度创新网络社区的一个例子是"Harley‐Owner‐Group"(http://www. hog. com)。在这个社区中,顾客设计并展示个性化摩托车及其配件,随后这些概念在开发过程当中被供应商采纳。有研究表明,创新社区一般会从一个普通的论坛上面演变而来。在 outdoorseiten. net 论坛中,顾客在创造一个新帐篷的过程中,提供了一些新的想法。从这些模糊的想法中,他们不断进行改进,并达到了一定的精细度,最后生产商采纳他们的建议将这种帐篷大规模地投入生产。

开放式创新社区一般分为两种类型:

第一类是开放源代码社区,即用户可以自由且免费地对电脑程序编码、修改并传播的开放源平台(秦敏,2014)。它也是最早期的创新平台,主要运用于软件产品行业。如小米的 MIUI 社区,最初就是由 50 个手机爱好者通过对 MIUI 系统的改进发展到如今超百万的米粉社区。虽然用户创新文献中的大部分成果都是关注相关工业产品的创新,但开放源代码社区主要关注的是消费品领域的研究,有研究表明,这些创新都是发生在企业之外的,在顾客产品领域中很多创新顾客被证明是创新领域的爱好者,这意味着他们并不是在自己本职工作中完成的创新,所以产品创新所获得的利益并不是这些人的主要收入来源(Lüthje, 2003;Franke et al,2003)。

第二类是用户创新社区(user innovation community),即顾客或企业通过信息传递而相互连接形成的网络,包括线上和线下的交流渠道(Hippel,2001;秦敏,2014)。如星巴克的星社区,就是通过搭建独立开放的星巴克杯子网络互动平台,将星巴克社区建设为星巴克粉丝家园;还有提供丰富的运动设备领域的用户创新社区,比如一些极限运动,如冲浪、攀岩、骑行或者极限运动等(Hienerth,2006;Franke et al,2003)。当然,更多学者的研究强调的是在线虚拟社区,指出它是一个连接用户和企业的平台,在这个致力于产品创新的在线网络平台上,企业和顾客积极合作,成员之间可以自由共享信息(Franke et al,2003;Yong et al, 2011)。

可以看出,上述两类创新社区在产品类型、用户特征等方面存在区别。开放源代码社区更多局限于专业产品,如 IT、软件等,大多数顾客具备一定的专业知识,并将爱好用于和企业共同开发产品中,某种意义上讲,顾客成了企业的"兼职员工",能够通过线上网络进行开发和产品生产,可以在创新中直接获利。而用户创新社区主要围绕产品或服务的创新活动,顾客背景差异较大,主要是通过创新平台进行知识分享和开展创意活动,企业可以通过用户创新平台中顾客的创新活动来提高企业绩效,而顾客可以在创新中间接获利。

2.1.3 顾客参与创新社区的案例

1. MUJI 案例

MUJI 是一个日本零售商连锁店,在 2004 年销售额高达 1 171 亿日元。MUJI 是日本一家日常用品商,提供各种消费类商品,并由于它的工业设计和产品外观使其在欧洲广受欢迎。它主要的产品种类是衣服(占销售额 38%)、日常用品和文具(占销售额 52%)和食物(10%)。该企业因它强大的内部设计而闻名于世的同时,也因拥有将顾客纳入新产品开发过程中的独特方式而受到外界关注。

该企业每个月会收到超过 8 000 条改进产品的建议,或者是对新产品的想法。建议随同产品样本,如明信片、电子邮件或通过从企业网站的反馈形式送达企业。在商场专柜,销售经理被鼓励记录关于顾客行为的笔记和简要的销售对话。每个月有超过 1 000 条这种备忘录产生。该企业还组织了一个假期俱乐部,名为 MUJI 夏令营,在这里顾客可以体验使用 MUJI 产品来度过他们的假期。夏令营活动让 MUJI 有机会在整个过程中观察顾客,并且在假期过后与度假者建立并保持长期关系。

然而,该企业与顾客之间最重要的互动方式是它的网络创新社区,这个社区拥有大约 41 万名会员。顾客与品牌的高度融入驱使顾客主动并积极地参与企业创新活动。作为回报,MUJI 承诺由提出建议的顾客为产品打分,且分数将会很清晰地呈现在其产品目录中。尽管有这种开放性的外界介入,产品设计和开发仍然是一个封闭的、内部的管理过程。顾客介入被收集、分类并在一个结构性过程中进行评价,最后产生一份最好创意的内部清单,这些创意由管理委员会(包括董事长)在"商品改善会议"上讨论。这个委员会也拥有如何处理所获取创意的唯一决定权。

可以看到,MUJI 就是属于前面提到的第二类用户创新社区,企业通过线上创新网络社区和线下交流渠道,使得顾客与企业可以进行直接的信息传递,大量顾客贡献丰富的意见、想法,虽然最终创新决策权还是掌握在企业手中,但这种模式能够为企业源源不断地输入创意。

2. LEGO 工厂案例

LEGO,一个在丹麦的玩具制造商,结合大规模定制化工具箱和开放式创新,成为开放式创新中另一个有趣的案例。LEGO 从建立以来便为用户提供无限制创造产品设计的机会,最开始是因其模块化的产品设计结构而受到用户的欢迎。然而,由于企业和用户之间的关系仍属于传统、无联系性交易的市场模式,而且所有产品和部分原件都是在一个库存模式中生产,因此,LEGO 需要在产品创新中寻求新的突破。2012 年开始,LEGO 将企业打造为"现代"教育性玩具,为了得到新产品的灵感,并且与用户保持亲密的联系,一个独立于企业、由狂热的成人 LEGO 用户建立、被称为 Lugnet 的 LEGO 用户社区成立了。Lugnet 是一个能够很好理解创新社区的例子,在这里,用户共创和共同设计都是建立在生产性商品上。社区成员不仅交换零件或分享他们个人模型的图像,而且还合作开发了一个以社区专业的产品建筑结构的开源软件。此外,一些用户可以售卖独特的模型和设计。当 LEGO 引入头脑风暴机器人玩具后,通过近几年的发展,一些乐高用户在几个星期内,运用这个开源软件提高了建构玩具的效能及其工艺技术。然而,并不是所有这些用户活动都能够被 LEGO 采纳并普及。

LEGO 公司还引入了一项结合大规模定制化和开放式创新的措施:在 2005 年 8 月,

LEGO 宣布开始经营 LEGO 工厂,这是企业和用户(儿童)创新和共同设计的高级工具。LEGO 工厂结合用户领域的发展趋势,在 LEGO 工厂,用户可以用互动软件创造他们自身 LEGO 模型,以帮助客服人员解决将基本模块元素(LEGO 零件)结合到新创意中的工程问题。然后,由企业生产模型必需的零件,并且将它们送往用户手上,从而他们可以开始组装模型。顾客也可以购买发布在网上的他人设计中必需的零件。LEGO 工程师建立在一个用户共同设计工具的基础上的,它的名字叫 LEGO 设计师,这是一个免费、可下载、3D 模型的程序,让用户选择电子零件来组装他们自己的模型。此外,这个 LEGO 网址具有真正开放式创新特征:它突出了企业现在正在销售其他 LEGO 用户设计产品的事实。儿童不仅可以创造他们自己的设计,并且在父母的帮助下,订购定制化组合中的相应零件,而且还可以将这些设计交付给企业。LEGO 也可以将杰出的设计大规模投入生产,以卖给其他顾客。这个想法之前有被试验,如在德国 LEGO 产品中,一些用户设计的 LEGO 产品自 2003 年起被纳入销售,但这个想法还没有大规模得到应用。

可以看到,LEGO 创新社区模式不局限于第二种类型,同时还结合第一类开放源代码社区。LEGO 公司非常注重顾客体验,特别是乐高发烧友的设计,而且考虑到乐高玩具的建构模型特点,通过一个开源软件,使顾客能够更方便地参与创新设计。这种定制化模块也被其他很多企业所学习。

3. Quirky 社区中的社会产品开发

Quirky 就是将"社区开发的"产品带到市场中来的典型企业。例如,德国的一个广告写手 Zech,他产生了一个双面迷你硬盘的创意(一个 USB 接口存储个人信息,另一个存储工作信息)。他将这个想法交付给了 quirky.com,几个星期过后,这个双面硬盘就投入生产。这实际上就是 Quirky 的第一个产品,从一个虚拟画板上转换到了现实当中,最终 Quirky 还让 Zech 从中赚到了钱,并且梦想成真。Quirky 的愿景就是从大众的创意中获取信息,并转移到正式 R & D 实验室中,从而生产出更多的产品线。

Zech 是如何实现他的梦想的? 首先,注册 Quirky 社区是免费的,注册之后,用户要填写一份问卷,由此评估每个人的产品创意。接着,当你提交想法时,需要支付 99 美元的费用,即使最终你的产品不能付诸生产,这个费用 Quirky 依旧是要收取的。Zech 在某个技术博客上了解到这家公司之后,认为这是一个值得交纳的款项。他说,"我喜欢发明东西",直到现在他还做着为广告客户发明热销产品的美梦。双面 USB 是他过去考虑了很久的东西,因此他写了一个设计书并画了一些草图。然后,每个星期大概有 10 000 个 Quirky 注册用户投票来选择其中一个产品设计由 Quirky 来投入生产,Zech 赢了,Quirky 的注册用户可以对最终设计给出建议,如产品名字等。Quirky 的员工会与生产商和供应商优化生产的详情。最后一个步骤是投入市场销售,在完成创意后,产品会在 Quirky 的线上商店面对大众销售,如果它收到足够的订单,就可以付诸生产。当然,Quirky 会将其盈利中的 30% 返回给社区,发明者会得到最多的份额,而那些为此提供过帮助性建议的用户会得到"影响分",而这些分被转换为收益分割的相应份额。在这个案例中,Zech 从每 24.99 美元的双面硬盘销售中得到 2.87 美元,其他人会得到 1 ~ 43 美分不等。参与者会从他们的网上社会关系中获取预售而取得"影响分"。可以看出,创意的产生对于这个将公共想法延伸为销售的过程,起到非常关键的作用。Zech 认为,"创新社区对于双面硬盘的生产极为重要"。这个产品通过注册用户由 quirky.com 上社交网络的方式积累预售,在大概 5 天的时间内获得超过 200 件产品的销售量,在预售结束后的几天,收到另外 100 个左右该设备的订单。

Quirky 保持每周在它的网上商店加入一个全新的产品概念,比如彩色的绷带、切瓜器、组合钥匙扣和迷你三脚架等,这使得更多的产品外形设计满足企业的预售目标,并且投入生产。当然顾客所购买的产品不仅是一个小创意,也是利用许多人的创意来让大众满意的想法,通过采用网上评分选出最高分的参与方式,使得很多非专业人士的技能得到不断的提升。这种方式是传统的制造商所没有的。

可以看到,Quirky 的创新社区模式最能体现开放式创新社区的内涵,可以说是这种创新模式的典范,这个企业的产品及其生产完全依赖于创新顾客的想法,它不仅包括不同领域的专业人士,也包括一些对某领域感兴趣的非专业人士。这样的平台给了很多人施展才能的机会,能帮助很多人将想法付诸现实,并从中获益。这种企业虽还处于探索期,但仍可以给国内很多企业提供借鉴和参考。

4.小米的 MIUI 论坛

成立于 2010 年的北京小米科技有限责任公司,是一家专注于智能硬件和电子产品研发的移动互联网企业。小米公司创造了用互联网模式开发手机操作系统、发烧友参与开发改进的模式。小米还是继苹果、三星、华为之后第四家拥有手机芯片自研能力的科技公司。

小米公司创立时提出"为发烧而生"的口号,它瞄准所谓的"极客人群",定位于手机发烧友。2010 年成立初期,正是采用创新平台——MIUI 模式,通过邀请测试人群进行刷机、解锁权限等,从最初 MIUI 50 名测试人员开始,发展到如今小米论坛注册用户数突破 1 000 万,每天发的帖子超过 25 万条。而在手机以外业务,如小米盒子、小米电视、小米路由器的早期测试阶段,依旧传承"为发烧而生"的口号,鼓励发烧友顾客参与到产品初期开发阶段中来,使产品迅速升级。

创办人雷军曾说,小米的品牌是跟用户一起玩出来的。2013 年底,小米采用 DIY 安装方法,开始进军智能路由器领域,具有创意的路由器发布会很快吸引了媒体和用户的注意。小米的开发模式正好体现了从参与到口碑的新商业模式,小米和用户一起玩,用户们经过高度参与后产生的热情,又会通过网络进行扩散。另一创办人黎万强又提出了功能式消费—品牌式消费—体验式消费—参与式消费的观念模式演变路径。

可以看到,小米是国内创新社区模式的典型企业,它在创办之初就已经领悟并把握了从创新到口碑的趋势。小米号召用户参与 MIUI 共同研发,它满足用户社会属性的消费需求,使消费者能够参与到体验式消费过程中来,可以说是完成了一次关键的跃迁,重要的是,这种体验式消费后续所带来的口碑价值,使小米不需要投入任何广告费用,却能够收获加倍的营销效果。

2.2 口碑传播的研究

口碑最早由 Whyte(1954)提出,并将它定义为一种口头沟通,而 Arndt(1967)在 *JMR*(*Journal of Marketing Research*)上的文章提出口碑对于促进消费者最终购买决策有十分显著的影响,从而引发了学者们对于口碑问题的高度关注。随着市场环境的变化,互联网的迅速发展赋予了口碑新的要素,Hennig et al(2004)将口碑定义为"企业潜在的、现有的,或者以前的顾客对产品或公司做出的任何正面或负面的评论",而这可以通过互联网提供给大量的个体和组织。口碑对企业的营销活动、顾客的态度行为等具有重要的影响,特别是对于顾客的信息搜索、评估和随后的决策作用(Silverman,2001;朱丽叶 等,2017)。顾客口碑推荐行为主要包括以顾客为主导和以企业为主导的口碑推荐,前者侧重顾客自发的口碑推荐行为,后者侧重在企业激励下的顾客口碑推荐行为。下面从这两个方面梳理其研究文献。

2.2.1　以顾客为主导的口碑推荐行为

以顾客为主导的口碑推荐行为研究主要是从三个视角对驱动因素进行探讨:品牌体验、个人动机和社会动机。具体见表 2-1。

表 2-1　以顾客为主导的口碑推荐行为研究

研究视角	内涵	理论视角
品牌体验	将口碑视为品牌体验的一个功能,顾客通过消费体验后形成口碑(Matos et al,2008)	品牌理论,双加工理论
个人动机	口碑总是充满了真实的个人经历和情感(Herr et al,1991),个人的认知、情绪会影响口碑(Berger et al,2012)	社会认知理论,自我决定理论
社会动机	将口碑视为一种社会嵌入过程,并将它视为人与人之间交往的一个组成部分来研究(Alexandrov et al,2013)	人际关系理论,社交网络范式,双加工理论

1. 品牌体验视角

主要从顾客满意、品牌特征等视角进行探讨。具体见表 2-2。

表 2-2　品牌体验视角下文献的关键变量

	品牌体验视角	关键变量	代表文献
顾客满意	顾客满意会驱使人们谈论更多品牌体验的过程,并传递更多产品/服务的正面信息	满意度,忠诚,质量,承诺,信任,感知价值	Sun et al,2014;Masoud et al,2012;Matos et al,2008;Lariviere et al,2014;Hajli et al,2014;简兆权 等,2017
品牌特征	品牌不同的特性会影响顾客去分享更多品牌信息	质量,差异性,优质的,相关性,可见性,兴奋感,复杂性,娱乐,社交,信息	Lovett et al,2013;Che et al,2014

一方面,品牌体验的衡量指标之一就是顾客满意,它是口碑推荐的一个重要前提变量,顾客满意会驱使人们谈论更多品牌体验的过程,并传递更多产品/服务的正面信息。满意度和口碑成 U 型关系,即在高度满意和高度不满意时口碑传播意愿最高(Anderson,1998),顾客满意度会显著影响顾客承诺(Sun et al,2014),对口碑推荐行为有积极作用(Masoud et al,2012)。Matos et al(2008)通过实证研究确定了口碑活动中最常见的前置因素(如满意度、忠诚、质量、承诺、信任和感知价值)。这些研究表明,品牌体验和口碑推荐之间建立了紧密的联系。顾客承诺、顾客信任在社交口碑中同样发挥重要作用(Lariviere et al,2014;

Hajli et al,2014)。也有研究指出,网络购物情境下服务补救会带来更高的顾客满意与忠诚度,包括再次购买和口碑推荐(简兆权 等,2017)。

另一方面,不同的品牌特征会影响顾客去分享更多品牌信息。Lovett et al(2013)通过面板数据和实证研究确定激发口碑的 13 个品牌特征,包括质量、差异性、优质的/有价值的、相关性、可见性、兴奋感、满意度、年龄、复杂性、产品类型、理解度、感知风险和参与度。Che et al(2014)基于中国重要社交平台(微信),检验影响正面口碑的因素,发现娱乐(最显著)、社交、信息对微信用户的态度和信任有积极影响,且他们的态度和信任会显著影响正面口碑。

可以看到,品牌体验驱动口碑的研究在管理实践中都是非常有价值的。在这个维度下的观点更多考虑与产品、品牌相关的因素,以及顾客从品牌体验中所获得的心理感知。

2. 个人动机视角

有研究指出,口碑充满了真实的个人经历和情感,于是出现了从个人动机来研究口碑的视角。在个人动机视角下,口碑会受到个人认知、情绪的影响(Berger et al,2012)。社交网络的出现使得口碑不仅在家人、朋友和同事间发生,还在陌生人之间发生(Kavanaugh et al,2005;Gupta et al,2010)。在个人动机视角下,学者们将口碑与人际沟通相结合,从印象管理、情绪调节和信息获取等视角进行了探讨。具体见表 2-3。

表 2-3 个人动机视角下文献的关键变量

	个人动机视角	关键变量	代表文献
印象管理	印象管理会鼓励人们分享娱乐的、有用的、与自我构念相关的、高身份的、独特的、共同兴趣的以及易获取的信息,从而塑造口碑内容的效价	自我构念,个人成长的需求,自我强化,自我肯定,自我效能感,自我提升,身份象征,增加话题	Chung et al, 2006;Hennig et al,2004;Rimé,2009;Lee et al, 2012; Ho et al, 2010; Alexandrov et al,2013;Packard et al,2013;Berger,2014
情绪调节	情绪调节会驱使人们分享更多情感性内容的信息,影响分享内容的效价以及导致人们去分享更多会唤起情感的信息内容	产生社会支持,发泄消极情绪,促进意义建构,减少失调,采取报复,鼓励叙述	Gross, 2008; Rimé, 2009; Buechel et al,2012;Abrantes et al,2013;Magalhaes et al,2014; Grégoire et al,2008;Grégoire et al,2009;Berger,2014
信息获取	信息获取会驱使人们谈论有风险的、重要的、复杂的内容或者缺失可靠信息的一些决策	寻求建议,解决问题	Hennig et al, 2004; Rimé, 2009; Fitzsimons et al, 2004; Yap et al, 2013; Tost et al, 2012;Zhao et al,2011;Lovett et al,2013;Berger,2014

首先,口碑可以帮助增加话题、提升自我和识别身份(Chung et al,2006;Hennig et al, 2004;Rimé,2009),从而帮助人们进行印象管理。此外,自我构念、个人成长的需求、自我强化和自我肯定等因素也会影响口碑(Lee et al,2012;Ho et al,2010;Alexandrov et al,2013)。

Alexandrov et al(2013)研究驱动口碑的社交和自我动机,说明传播者期望从分享对于一个品牌的观点获得个人和社会利益,研究指出,自我需要(即自我强化和自我肯定)被视为口碑的最初动机,通过口碑寻求满意引起有意的社会互动,这反过来引起社会动机:社交需要(即社会比较和社会联系)和社交意向(即帮助他人以及提供社会信息),口碑是意向的结果,由意向产生社会互动进而满足自我需要。这些研究说明,自我意识、自我效能感、个人提升等心理因素作为影响口碑推荐行为的重要变量,受到越来越多学者的关注。

其次,人们通过口碑进行情绪调节,管理已有的情绪以及体验和表达情绪。情绪调节会通过产生社会支持、发泄、促进意义建构、减少失调、采取报复、鼓励叙述等变量来影响口碑(Gross,2008;Rimé,2009;Buechel et al,2012)。例如,顾客会为了关心他人、发泄消极情绪或者增强情绪等而进行口碑传播(Abrantes et al,2013;Magalhaes et al,2014)。因此,情绪调节会影响分享内容的效价,导致人们分享更多情感性信息(Rimé,2009;Grégoire et al,2008;Grégoire et al,2009;Berger,2014)。

最后,口碑有助于寻求建议和解决问题,满足顾客的信息获取需求(Hennig et al,2004;Rimé,2009;Fitzsimons et al,2004)。信息的认知和情感特性会与不同的动机联系从而产生口碑,当个体基于自我提升、社会利益、寻求建议时,更可能产生正面口碑;当个体基于无私动机向他人分享积极或消极的服务体验时,更可能体现情感特性的口碑信息(Yap et al,2013)。因此,信息获取会驱使人们谈论有风险的、重要的、复杂的内容或者寻求缺失可靠信息的决策方案(Tost et al,2012;Zhao et al,2011;Lovett et al,2013;Berger,2014)。可以看到,个人动机开始将个体的认知、情绪纳入口碑研究,从个人动机视角去寻找驱使口碑的关键变量。

3. 社会动机视角

近年来,越来越多学者强调情境的力量,认为口碑活动还会受到公共因素的影响(Kozinets et al,2010),公众的可见度和利益,以及诸如利他主义和自我提升等动机也会促进口碑活动(Sundaram et al,1998)。社会动机视角下,口碑被视为一种社会嵌入过程,并作为人与人之间交流和往来的组成部分来研究。研究表明,个人动机激发社会的比较需求和社会联系需求等社会动机,进而产生具体的行为意图,包括分享社会信息和帮助他人,从而达到预期满意(Alexandrov et al,2013)。具体见表 2 - 4。

表 2 - 4　社会动机视角下文献的关键变量

	社会动机视角	关键变量	代表文献
社会关系	社会关系会驱使人们根据交谈对象而选择谈论的内容	关系强度,感知亲和力,个人背景相似性,持续性承诺,关系长度	Kozinets et al,2010;de Bruyn et al,2008;Ranaweera et al,2013;邵景波等,2017
归属需要	归属需要会驱使人们谈论一些具有共同兴趣的事情或者更具情感性的事情	成为群体一员的需求,个人成长的需求,归属感	Ho et al,2010;Alexandrov et al,2013;Cheung et al,2012;Sicilia et al,2016
说服他人	说服他人会驱使人们分享偏激的内容或更能唤醒共鸣的内容	体验学习,社交互动,帮助他人的快乐	Abrantes et al,2013;Brooks et al,2011;Cheung et al,2012

首先，社会关系会驱使人们根据交谈对象而选择谈论的内容。社会关系会影响个体的行为，口碑活动会受到公共因素的影响（Kozinets et al，2010），个人背景相似性、关系强度和感知亲和力在口碑的不同阶段中会有不同的影响作用（Bruyn et al，2008）。关系长度、持续性承诺等因素会影响正面口碑和负面口碑（Ranaweera et al，2013）。邵景波 等（2017）通过扎根理论研究提出顾客满意、顾客信任、社交需求、自我提升在顾客契合行为（其中包括口碑传播）的形成中起到了驱动性的作用。

其次，成为群体一员的需求、个人成长的需求会显著影响顾客转发在线内容（Ho et al，2010）。社会比较的需求、社会联系的需求，会驱使人们通过口碑分享社会信息和帮助其他人，达到预期满意（Alexandrov et al，2013）。Cheung et al（2012）基于某个顾客评论社区中的203 个成员组成的样本数据研究表明，信誉、归属感和帮助他人的快乐会影响网络口碑意图，其中归属感对顾客网络口碑意图的影响最大。Sicilia et al（2016）指出归属需要和自我展示会显著提高传播正面口碑的可能性。

最后，人们通过人际沟通影响他人，希望在讨论中改变关系伙伴的态度，说服他人会驱使人们分享偏激的内容或更能唤醒共鸣的内容。Abrantes et al（2013）基于 302 个互联网使用者的样本数据研究表明，体验学习、社交互动和群体外口碑有一个积极的关系；消费者通过口碑说服他人可以感受到帮助他人的快乐（Brooks et al，2011；Cheung et al，2012）。

可以看到，社会动机视角将口碑视为一种社会嵌入过程，指出个人动机引发社会动机，并在社会动机视角下寻找驱使口碑的关键变量。

2.2.2 以企业为主导的口碑推荐行为

随着病毒式营销、口碑营销等概念的提出，越来越多的企业开始思考如何主动管理口碑。针对一些企业设计的各种奖励推荐计划，学者们开始研究以企业为主导的口碑推荐，管理现有顾客对自己产品或服务的正面口碑，激励现有顾客向潜在顾客推荐产品，以促进产品的销售（Keller，2000），也就是说，以企业为主导的口碑推荐来源于企业激励。研究表明，推荐奖励计划（Referral Reward Program，RRP）对顾客推荐意愿具有显著影响（Lobler et al，2004；Ryu et al，2007），提供高水平的激励会显著增加口碑分享行为（Tonin，2014）。在对企业激励的研究方法中，主要是从奖励强度、市场结构、奖励类型等方面来设计激励机制，具体见表 2 – 5。

表 2 – 5 以企业为主导的口碑推荐行为研究

研究视角	研究方法	主要结论及发现	代表文献
奖励强度	数学建模	奖励推荐计划在顾客的取悦阈值中等和较高时效果最佳	Biyalogorsky，2001
	实证研究	奖励的正面作用取决于奖励的大小；奖励额度对推荐者态度和行为忠诚度的影响是有所区别的	Madlen et al，2014；朱至文 等，2016
	实验研究	金钱激励的幅度以及对发送者和接收者的激励差别，都会影响网络口碑推荐	Ahrens et al，2013
市场结构	博弈论	对双寡头市场来说，未来折扣更优，对垄断市场来说，现金奖励比实物奖励更有效	Chen et al，2001

表 2 −5(续)

研究视角	研究方法	主要结论及发现	代表文献
奖励类型	实验研究	金钱奖励(比起实物奖励)会导致较少的推荐产出和接受;调节聚焦与奖励类型对顾客推荐意愿存在交互作用	Jin et al,2014;朱翙敏 等,2016
其他研究	综述研究	社会规范与市场规范冲突的视角下,构建奖励框架与社会规范对消费者推荐动机的影响作用的理论框架	李惠璠 等,2015

奖励强度。Biyalogorsky(2001)通过数学模型的构建与论证,提出向顾客提供低价格和向顾客提供推荐奖励,这两种方式可以刺激顾客的购后推荐意愿,但它适合不同的条件,奖励推荐计划在顾客的取悦阈值中等和较高时效果最佳;有学者则通过实证研究指出奖励的正面作用取决于奖励的大小;奖励额度对推荐者态度和行为忠诚度的影响是有所区别的(Madlen et al,2014;朱至文 等,2016)。Ahrens et al(2013)考虑金钱激励幅度差别对推荐者的影响,发现金钱激励的幅度以及对发送者和接收者的激励差别,都会影响网络口碑推荐。

市场结构。Chen et al(2001)利用博弈论方法,论证了对双寡头市场来说,未来折扣更优,对垄断市场来说,现金奖励比实物奖励更有效,从而说明当企业采用现金形式还是采用未来折扣形式,取决于不同的市场结构。

奖励类型。Jin et al(2014)发现比起实物奖励,金钱奖励会导致较少的推荐产出和接受,特别是当推荐品牌较弱时;比起实物奖励,当金钱奖励足够大时,金钱奖励同样会表现的很好,且当推荐者和接收者同时都被奖励时,会表现更好。朱翙敏 等(2016)指出在推荐奖励计划中,调节聚焦与奖励类型对顾客推荐意愿存在交互作用。

可以看到,以企业为主导的口碑推荐研究中,主要聚焦奖励推荐计划的设计问题,直接从奖励强度、市场结构、奖励类型等方面来设计激励机制。

当然,也有学者基于文献分析,系统化的指出未来口碑研究的方向,如 King et al(2014)基于对 190 个文献的系统回顾,对网络口碑交流进行多维度分析,采用 Nyilasy(2005)的框架,基于基本假定,即每一个口碑集具有两方:发送者和接收者,在"元分析"(口碑的发送者和接收者)和"研究的重点"(前因变量和结果变量/影响)基础上,指出未来可以进一步研究的 11 个问题:

(1)企业如何在一个相对匿名的在线环境中培育高质量的评论家?

(2)可视网络口碑的潜力是什么?

(3)网络口碑如何影响顾客的参与?

(4)寻求网络口碑有潜在动机或直觉动机吗?

(5)消费者如何处理电子口碑信息中的文本内容?

(6)网络口碑在跨文化中有何不同?

(7)对接收者的分解作用有哪些?

(8)信任如何改变网络口碑的力量?

(9)网络口碑如何改变消费者的决策过程?

(10)网络口碑如何影响服务交付模式和成本?

(11)企业如何利用电子口碑固有的内生性?

也有学者综合顾客和企业视角研究 RRP 的设计问题,如李惠璠 等(2015)从 RRP 引发社会规范与市场规范冲突的视角出发,开始着手研究奖励框架与社会规范对顾客推荐动机的影响作用。也有学者采用定量方法构建口碑传播模型,如邓卫华 等(2017)就基于信息扩散级理论,通过数据采集和实验分析,指出传播规模和到达率、传播深度和广度以及节点传播率和级联率是描述网络社区口碑信息树状传播的全局级和个体级结构特性的重要指标。

2.3 顾客参与创新的研究

2.3.1 顾客参与创新的动机研究

顾客参与创新的动机可以从不同维度进行探讨,学者们主要是从产品需求层面、顾客情感层面和企业激励层面进行研究的。

1. 产品需求层面

创新是一种利益驱动的行为,顾客希望从创新中获得利益,而这种利益首先表现为顾客为了寻找满足个人未被满足的产品需求。如果产品的技术创新门槛高,更多顾客会偏向自己参与并完成创新,从而满足自身个性化需求(Hippel,1988,1994;Ogawa,1998;徐岚,2007)。但产品需求还和创新模式、产品特性相关,有研究表明,顾客参与设计有助于高渐进式创新的新产品性能但不利于高激进式创新的新产品性能(Menguc et al,2014;Joseph,2010)。从客户互动角度出发,利用组织信息处理理论构建顾客参与影响产品创新绩效的模型,同时验证产品新颖性和产品嵌入性的调节作用,研究结果表明,客户互动和客户信息质量正相关,客户信息质量对新产品绩效有正向影响。

2. 顾客心理层面

除了满足产品的需求之外,顾客参与创新还会产生兴趣、爱好,获得愉悦感(Neale et al,1998),实现自我学习、自我提升(陈璟菁,2013)、心理所有权(刘善仕 等,2016)等心理因素的影响。在基于 Linux 操作系统的顾客社区研究中发现,顾客参与开源软件开发会受到胜任感、满足感、完成编程的成就感、利他主义以及对社区的归属感等内在动机的影响(Hars et al,2002);通过对医疗器械行业的案例研究发现,顾客创新的动机因素包括外部驱动和内在驱动,其中内在驱动即是参与创新的乐趣或把创新当作一种嗜好(Lett et al,2006)。也就是说在研究顾客参与创新行为中,要特别考虑顾客心理层面的驱动因素。

随着顾客参与创新行为案例的增多和研究的深入,学者们开始研究单一的情绪、心理等因素的影响,如负面情绪(Lee et al,2014)、公平偏好心理(张德鹏 等,2014)等。研究发现,负面情绪对品牌社区的创新行为有显著性影响,"挫折"是个别负面情绪中影响最深的,随着负面情绪的强度级别增加,对创新行为的影响也逐渐增强(Lee et al,2014)。张德鹏 等(2014)采用计量模型研究在静态和动态博弈下创新顾客的公平偏好心理对其决策行为的影响。

3. 企业支持层面

企业在创新活动中的关系管理,积极影响企业与顾客之间的相互适应,通过采用不同的激励手段,企业可以获得经济利益,顾客也会表现出更高水平的承诺(张欣,2012)。高度信任更容易带来顾客参与,顾客承诺对于自身参与产品创新意愿的影响更强烈(Liem et al,2013)。Foss(2011)通过实证研究验证顾客参与到创新的连接完全受到组织实践的中介作用。荆宁宁 等(2017)提出,顾客创新与创新质量、创新文化之间存在显著的正相关关系,其中顾客创新在创新文化对企业创新质量的影响过程中起到部分中介作用。但也有研究认为,在一些特定品牌中,企业和顾客的亲密关系可能会起逆效果,比如,跟用户保持"亲近"并不有助于,甚至有害于奢侈品时尚品牌,因为用户设计奢侈产品被认为质量较差,无法显示高贵的地位,并导致顾客效能感的缺失(Fuchs et al,2013)。张德鹏 等(2014)从公平偏好程度、产出测量精度与激励机制最优激励强度的关系入手,探讨了公平偏好程度、产出测量精度与最优激励强度之间的函数关系,并得到最优激励强度范围。

综上所述,产品需求层面、顾客心理层面和企业支持层面的不同因素会影响到顾客创新的绩效,这为顾客创新的后续行为研究提供了思考的路径。

2.3.2　顾客参与创新的价值研究

首先,顾客参与创新是顾客参与价值的重要组成部分。Kumar et al(2010)提出,顾客参与价值(customer engagement value,CEV)包括三个维度,分别是顾客推荐价值(customer recommend value,CRV);顾客影响价值(customer influence value,CIV)和顾客知识价值(customer knowledge value,CKV)。顾客推荐价值是指公司通过发起和激励(即外部回报)正式推荐计划而得到新顾客,推荐加入的新顾客在未来进行交易,进而会给公司带来利润。在许多方面,这些推荐顾客可以被理解为从销售中获得佣金的非雇佣销售人员,可以成为吸纳新顾客的有效方式(Kumar et al,2010)。顾客影响价值是指顾客对其他顾客和潜在顾客的影响力,如口碑推荐,在社交媒体上进行产品评论和推荐的可能性。顾客知识价值是指组织直接从其他顾客那里获得的创意、想法和信息。这样的价值可以通过社交媒体,进行顾客的交互和信息交流。同时,这使得共同创造的创新机会被品牌识别和评估(Kaltcheva et al,2014)。Kumar et al(2010)强调,如果仅关注购买行为,而忽视潜在的非购买性顾客参与行为(例如与品牌的社交媒体参与品牌,其他顾客间的互动),那么这些行为中产生的价值可能会导致顾客被高估或低估。Hillbun et al(2013)进行了供应商之间的知识基础的一致性研究,主要内容是这种一致性如何影响供应商合作者之间的知识共享,从而影响合作创造的价值。通过两个实验表明,当顾客参与水平和顾客预期价值都很高时,供应商合作者之间的知识基础的一致性会带来更大的知识共享;相反,当顾客参与水平较高,而顾客预期价值较低时,知识基础的一致性会导致较低水平的知识共享。

其次,有研究表明大众定制工具箱、授权战略使顾客有积极的价值提升。Hippel(2001)指出大众定制(mass customization,MC)是指制造商提供工具箱,让用户自行设计他们自己产品,然后制造商根据订单进行生产。Franke et al(2010)通过实验验证这种 MC 工具箱会产生"我亲自设计"效应,比起购买货架上的产品,使用 MC 工具箱来设计产品,对于顾客而言他们得到了一个积极的价值提升,从而对产品产生更高的需求。这种需求会受到和产品相关的成就感的中介作用,同时会受到产品主观偏好匹配和过程控制的调节作用。

Fuchs et al(2010)把授权战略定义为企业给予顾客在产品选择过程的控制感,允许与顾客合作共同选择企业后续销往大众市场的最终产品的战略,并通过实验验证授权战略会产生什么结果的产品需求效应。相比非授权顾客(没有参与新产品选择过程),授权顾客(参与新产品选择过程)对潜在最终产品表现出强烈的需求,这种效应会受到心理所有权的中介作用。

最后,Schreier et al(2012)研究指出相比传统的设计模式,由企业雇佣的专业设计师处理设计任务,用户参与企业用户社区设计新产品,可以影响其他顾客对企业创新能力的感知,从而进一步提高他们的购买意愿,通过四个实验研究结果表明,这种"用户设计的创新效应"导致更强的购买意愿、支付意愿和顾客向其他人推荐企业的意愿。研究结果还指出,顾客的数量、顾客背景的多样性、企业约束的减少和顾客设计者使用设计的产品都有助于建立积极的感知。李朝辉 等(2014)认为顾客参与价值共创可以提升企业的品牌资产,并通过实证研究表明,顾客参与发起和顾客参与自发的两种类型的价值共创对品牌资产都具有显著影响作用,品牌体验在这个过程中起到了中介作用。孟韬 等(2015)立足于互联网环境下顾客参与创新的动态过程,构建了一个基于互动机制中介作用的理论模型,研究结果表明:顾客创新正向影响顾客体验存在,有利于良性互动机制的形成,且良性互动机制正向影响顾客体验,互动机制在两者间起中介作用;在顾客创新的动态过程中,不同阶段互动程度与体验度存在差异。

2.4 顾客参与创新和口碑传播的关系研究

2.4.1 在线创新和口碑传播的共同动机分析

在网络条件下,顾客在线创新会引发网络口碑传播行为,而网络口碑又会反过来影响顾客在线创新绩效。从国内外的文献整理中发现,顾客在线参与创新的外部动机包括金钱激励、他人认同、自我营销等,内部动机包括胜任感、自治感、参与乐趣、利他主义、互惠行为、网络沉浸等。顾客网络口碑传播的外部动机包括经济回报、外部物质激励、利益获取、自我提升、在线沟通等;内部动机包括参与乐趣、信息平台的协助、利他主义、提供方便他人和解决问题的支持、帮助企业、表达积极情绪和发泄负面情绪等。具体见表2-6。

表2-6 顾客在线创新和网络口碑传播的动机研究

	顾客在线创新		顾客网络口碑传播	
	动机	研究者	动机	研究者
外部动机	金钱激励	Hippel,1988;Shah,2000	经济回报,外部物质激励	Henning,2004;Wirtz,2002
	他人认同	Hemetsberger et al,2001	利益获取,自我提升	Henning,2004
	自我营销	Fuller,2006	在线沟通	Brown et al,2007
内部动机	参与乐趣、胜任感、自治感	Lakhani et al,2003	参与乐趣	Phelps,2004
	利他主义	Hars et al,2002	信息平台的协助	Henning,2004
	互惠行为	Hall et al,2004;Chu et al,2009	利他主义,提供方便他人和解决问题的支持,帮助企业	Henning,2004;Sundaram,1998
	网络沉浸	Hoffman et al,1996;Nambisan,2002	表达积极情绪和发泄负面情绪	Henning,2004

因此,从两者的关系和共同动机分析,结合真实的案例,林萌菲 等(2015)指出顾客在线

创新和网络口碑传播在经济型激励、精神型激励、参与乐趣、利他主义方面有着共同的出发点和动机,并提出基于"经济关系"和"社交关系"的互动策略来提高顾客在线创新绩效。

2.4.2　参与创新社区和口碑意愿的关系研究

有研究表明,贡献者/传播者积极从集体创造力中寻找利益,社会互动帮助他们开发新的解释和发现,而这些在单独思考中是不会产生的(Hargadon et al,2006)。"消费者集体"帮助贡献者的思维过程通过主动变异和选择过程来实现(Simonton,1999),这些过程由其他人的不同思想和经验所支撑。同时,由于网络环境的相对匿名性和目标导向性,对于积极贡献者而言,声誉是唯一可以开发和实现的资源。正如 Kollock(1999)指出,"高质量的信息,令人印象深刻的技术细节,乐于助人,以及优雅的文字都可以增加一个人在社区中的信誉"。一些研究已经发现了这种积极加强网络口碑意愿的证据。Chen et al(2010)进行了一项涉及 movielens. org(一个电影推荐网站)成员的现场试验,结果表明,那些接受其他成员贡献的人,每月评论的数量显著增加。Racherla et al(2012)发现,具有较好声誉(朋友的数量和有用票数)的评论者(在 Yelp 网站)倾向于写更长和更平衡的,旨在让消费者受益的评论。总之,研究表明,积极参与创新社区的顾客会积极地为其他用户提供信息,即具有较强的网络口碑传播意愿。

2.5　文献研究述评

2.5.1　创新社区研究以定性描述居多,定量研究较少

企业建设和运营开放式创新社区的目的在于鼓励顾客参与产品研发或服务创新活动。创新社区定义较为广泛,它是指在参与的个体社区成员中,一个交换创新思想和信息的地方,既包括偏重软件程序设计和开发的开放源代码社区,也包括收集顾客创意和反馈意见以促进品牌忠诚的在线品牌社区(Jang et al,2008;Simard et al,2006)。梳理国内外相关文献,我们发现早期研究文献,对创新顾客具体行为表现的探讨,以定性描述居多,主要侧重于创新社区的案例描述、使用用户创新工具箱以及领先用户交流渠道等,而面向创新社区专门的定量研究文献较少。然而不同类型创新社区在产品类型、用户特征、顾客参与等方面存在区别,这就要求学者在研究创新顾客时需将它放到具体的情境中去讨论才更具价值。

2.5.2　口碑传播模型主要以普通顾客为研究对象,且侧重于单维度的研究

口碑传播无疑是具有强大的营销力量。近年来,研究文献对于口碑传播的关注度激增(Cheung et al,2012;Cheung et al,2012;King et al,2014)。然而大多数研究模型的构建都是以普通顾客为研究对象,且在分析探讨过程中主要针对以顾客为主导或以企业为主导的口碑行为。

以顾客为主导的自发口碑行为研究中,主要从品牌视角、个人动机、社会动机寻找激发口碑推荐的重要变量(Matos et al,2008;Berger et al,2012;Alexandrov et al,2013)。以企业为主导的口碑行为研究中,现有研究往往是直接从奖励强度、市场结构、奖励类型等来设计激励机制(Biyalogorsky,2001;Madlen et al,2014;朱至文 等,2016)。关于口碑传播的文献研究相当分散,现有的研究大多数只集中在一两个关键的反应变量,而关键变量之间的相互关

系尚未系统地回顾和研究。实践表明,参与式消费模式带来更生动和更具感染力的口碑传播,但是两者间的关系还没有得到系统的验证。但从对顾客在线创新和口碑传播的共同动机(林萌菲 等,2015),顾客参与创新社区和口碑意愿的关系(Dellarocas,2003;Chen et al,2010;Cheung et al,2012)等的文献分析中,我们有理由相信,顾客创新和口碑推荐之间必定存在着相互关系,可以通过构建研究框架,实证探讨来解决参与创新的顾客在心理上会发生哪些变化的问题,以及这些变化是如何通过认知、情感、态度进而影响顾客推荐行为的。

2.5.3 顾客创新后续行为尚有很大的研究空间

尽管针对顾客创新的动机研究很早就展开了,但关于其后续行为的研究却没有得到太多的关注。目前这个领域的研究较少,仅有的文献主要是从产品需求层面进行探讨的(Franke et al,2010;Fuchs et al,2010)。创新顾客的后续价值对于企业的顾客创新战略具有重要的作用,具体来讲,可以从以下两个方面进行拓展研究:

第一,对于参与创新的顾客而言,相比较于普通顾客,他们可以从创新社区中得到显著的好处(Dellarocas,2003),包括偏好的满足、信誉的提高等,这些方面都会激励他们做有利于创新社区的行为;

第二,对于其他顾客而言,创新顾客作为"意见领袖",其言行会更具有专业性和说服力,也对其他顾客起到更有力的影响作用。

2.5.4 创新顾客的口碑效应成为理论缺口

通过梳理以上文献可知,顾客创新战略和顾客口碑行为的研究已经有了比较丰富的文献及成果。一方面,顾客创新战略的理论基础来自 Hipple(2001)的用户创新理论。该理论指出,大部分产品或服务是由用户首先发展出来的,之后将想法告诉企业,也就是说,顾客对其所使用的产品或服务进行创新,包括提出新想法、改进现有产品以及开发全新产品等,其中重要的创新方式是通过创新社区和顾客共创价值。另一方面,网络口碑行为在近几年更是引起学术界的关注,事实上,口碑被认为是"世界上最为有效的,但却最让人们难以理解和运用的营销策略"(Misner,1999),很多文献都认同口碑具有强大的力量,并且比起其他形式的营销传播,其对消费者的影响更大(Day,1971),近几年对网络口碑的研究更是关注甚多。然而,虽然对口碑的研究是频繁而重要的,但人们对其在哪些情境下能够形成干预行为的过程还有待探讨,而针对创新社区中创新顾客如何产生口碑行为,以及创新顾客口碑的传播模型等都知之甚少,如图 2-1 所示。因此,本书面向创新社区,研究创新顾客口碑效应形成机理及管理策略。

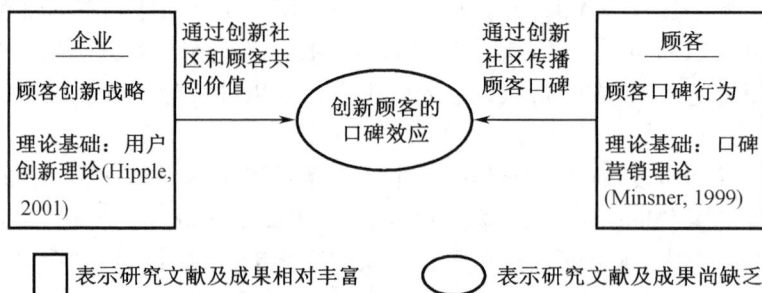

图 2-1 创新顾客口碑效应的理论基础

第3章　创新顾客口碑的内容结构探索和研究框架

本章采用质化研究中的扎根理论方法,首先对本书的研究对象创新顾客进行界定,然后设计访谈研究,包括访谈提纲设计和访谈实施;其次按照扎根理论方法对所获资料进行整理、分析和归纳,通过提取概念和范畴确定创新顾客口碑效应的驱动因素;最后提出本书的3个分论题,构建出创新顾客口碑效应形成机理的初始模型,确定本书的整体概念模型。

3.1　创新顾客的界定和内涵

以 Hippel 为代表的一批学者,通过大量的实证研究指出,用户是典型的产品创新者(Freeman,1968;Lionetta,1977;Hippel,1977)。此后学者们从不同视角出发,创建了相关的术语,如顾客参与、顾客化定制、授权、顾客合作生产等。具体术语及其含义见表3-1。

表3-1　顾客创新相关术语

术语	含义	作者
顾客参与	顾客为服务做准备,并且与服务供应商相互作用,以获得最优的结果	Youngdahl et al,1997
共同创造营销	共同创造营销涉及营销人员和顾客,他们在设计、生产以及消费相关产品或服务时互相影响	Sheth et al,2000
消费者授权	公司将消费者看作合作伙伴,在一定程度上,让他们管理信息和决策,以达到互惠互利	Prahalad et al,2000
顾客化定制	以买方为中心的企业战略将大规模定制与定制营销结合起来	Wind et al,2001
价值共创	企业与顾客之间的互动,能设计并开发生产工艺,更为精巧地制作营销信息,并控制了销售渠道。在这些活动中的互动可产生经验,这些经验则成为价值的根本基础	Prahalad et al,2004
大规模定制	对于某些产品的特点,顾客协同设计产品和服务满足了每个顾客的需求。在一个合适的空间内,执行所有的操作,其特点是稳定的、灵活的,而且是灵敏的	Piller,2004
共同创造	企业提供便利,企业和顾客双方投入,顾客和企业合作进行产品创新	Lusch et al,2006
合作生产	企业和顾客互动(相互合作)以生产一种产品	Lusch et al,2007
顾客化定制	通过选择产品的特性或向企业提供信息,顾客结合特殊的需求参与独特产品的创新	Lusch et al,2007

表 3 - 1(续)

术语	含义	作者
合作生产	顾客参与执行企业的各种经营活动,从而产生有价值的成果	Etgar,2008
授权	(合作)创造力构成互动的可能性,并可互换不受约束的代理人	Fuchs et al,2010
客户互动	包括双向沟通、参与性和在新产品研发项目中共同解决问题等多维度构造的概念	Joseph,2010
顾客互动	支持垂直和横向沟通,激励知识获取和共享,帮助企业更好地识别、吸收并利用外部环境使知识变得更具创新性	Foss et al,2011
顾客合作生产	在生产流程的任何阶段,顾客与企业的互动可为自己提供核心的产品	Fernando,2013
顾客参与设计	顾客参与企业的实践,给予企业反馈,提供信息和知识,促使企业改进设计	Menguc et al,2014
价值共创	从业务流程和参与者两方面进行定义,作为价值共同创造者,服务提供者与顾客相互交换和学习,因此能在消费过程中分享技术和实践	Susana,2014
共同创新	共同创新是在企业提供帮助的情况下,公司和顾客互动完成的,基于生产者和顾客之间主动的、有创造力的和合作的过程,共同创新的理念是顾客在公司提供帮助的情况下积极参与到产品的设计和开发中去	Frank et al,2014

从不同术语的含义中我们发现,学者主要从以下三方面对顾客创新进行界定:

第一,从创新主体的角度强调顾客创新所应具备的条件,如 Lusch et al(2015)在服务主导逻辑下,根据资源整合和服务交换的思想提出顾客的三种主要角色,分别是创意者(ideator)、设计者(designer)和中介者(intermediary)。其中,创意者是指顾客有能力向企业提供结合个性化需求的知识,并使用现有的服务知识来规划新的服务;设计者是指顾客有能力组合和匹配现有知识或资源来配置或开发新的服务;而中介者是指顾客能够在多个生态系统中进行知识传递和在服务创新中作为一种媒介的能力。

第二,从创新过程的角度强调顾客创新的投入程度,如 Lusch et al(2006)、Lusch et al(2007)等提出产品是顾客和企业合作的成果,它不仅要求企业提供便利,还要求企业和顾客互动(相互合作)以生产一种产品等。

第三,从创新结果强调顾客创新的有效性和价值,顾客和供应商相互作用,促使企业改进设计,以获得最优的结果,从而创造有价值的成果(Youngdahl et al,1997;Etgar,2008;Menguc et al,2014)。

综合顾客创新研究的三个角度,本书从"谁参与创新""如何参与创新"以及"参与创新成果"这三个问题对研究对象——"创新顾客"进行界定。首先,创新顾客不仅仅能参与消费服务,还能够参与互动,最终通过协同创新获得一定成果,如 Lusch et al(2015)所指的创意者、设计者等;其次,明晰顾客参与过程才能区分创新顾客与普通顾客,创新顾客是参与研发、设计、生产、消费的过程(Fernando,2013),在和企业互动中投入了智力上、体力上、情感上的精力(Silpakit,1985);最后,创新成果被认为是创新顾客的必备条件之一(Lusch et al,2007;Fernando,2013),如果参与创新没有产生成果,那么创新顾客就无法对企业及其产品产生影响,也就无法对其他顾客起带动效应。因此,本书结合学者们的相关定义,将"创新顾客"定义为在研发、设计、生产、消费的过程中,根据企业和顾客需求,顾客通过在线或离线情境和企业进行互动,组合匹配现有资源,参与企业产品/服务的创新活动,并与企业共创有价值成果的群体。创新顾客与普通顾客的特征区别见表 3-2。

表 3-2　创新顾客与普通顾客的特征区别

	创新顾客	普通顾客
参与主体	具备更专业的知识和能力,能够参与互动、协同创新并获得成果的群体	仅在消费过程中参与的群体
参与过程	在研发、设计、生产、消费的过程中(Fernando,2013),顾客和企业频繁互动、理解支持、相互合作(Lusch et al,2006;Lusch et al,2007);有多种参与方式,包括思维类的比赛,使用者研讨会,消费者意见平台,使用者创新工具包,共同设计工具包,或是顾客共同创新社区等(Seybold,2006;Tapscott,2006;Reichwald,2009)	顾客为服务做准备,并且与服务供应商相互作用,以获得最优结果的群体(Youngdahl et al,1997),顾客只是购买,或者配合参与企业活动来完成消费,采用有限的参与方式
参与成果	能够促进新产品的开发速度和质量,降低产品成本(Lau et al,2010),提升新产品的"市场适应性",降低产品失败的风险,增加产品的创新性(Frank et al,2014),与企业共创有价值的成果	仅限于增加消费体验,有可能进一步提高顾客满意度(Zeithaml et al,1996)
相关案例	小米 MIUI 论坛中的特殊用户组,他们一般会主动浏览论坛找 bug,反馈测试系统 bug,提出创新想法,参与复测,加入内测,承担风险等	小米 MIUI 论坛中的普通用户,他们通过论坛发帖分享或表达自身对 MIUI 的想法等

3.2　访谈研究设计

本书采用访谈研究法对创新顾客口碑推荐行为进行探索研究,梳理出创新顾客口碑推荐效应的形成机理,进而为后续研究做扎实铺垫。本访谈研究选择小米社区、华为社区、易企秀社区等,访谈对象为社区中会员年限两年或两年以上、级别较高的成员,即本书主要的研究对象——创新顾客。

3.2.1　访谈提纲设计

本书采取半结构化深度访谈,对社区中会员年限两年或两年以上、级别较高的成员进行深度访谈。在深度访谈过程中,被访者自由、开放地回答事先准备的问题,访谈过程中采用讨论方式，尽量激发被访者的想法和内隐知识。按照半结构化深度访谈要求，将访谈问题、次序等设置主要分为以下四个阶段。

1. 开场阶段

本阶段为了了解被访者参与品牌社区活动的基本情况，需要双方建立互动和谐的氛围，为使访谈者和被访者迅速进入访谈状态，先由被访者介绍自己的基本情况，以判断其是否符合本研究创新顾客访谈对象的要求。这一阶段主要从五个问题了解被访者参与品牌社区活动的基本情况，包括性别、年龄、最喜欢的品牌虚拟社区、注册该社区的时间、在该社区的年限等，并完成相关资料的填写。

2. 提出问题阶段

本阶段主要探讨顾客参与创新的过程及其面临的问题，为顾客参与创新进行描述性内容探索，一方面可以让受访者重新梳理自身在参与社区创新活动的记忆片段，又可以从中发现创新社区活动设置存在的问题。具体从以下三个问题进行访谈。

（1）请介绍您在该社区的活跃情况及地位，包括您的登录频率、权限、等级、版块管理等。您认为该社区对您有什么样的意义？

（2）请介绍您在该社区发表帖子的情况，包括发帖的内容、发帖的数量、回帖的数量、评论的数量等。您是怎么看待在社区中通过发帖回帖参与的情况？

（3）请介绍您在该社区参与的其他活动，包括活动参与的描述、您所承担的任务和其他成员的互动等。您是怎么看待在社区中参与活动的？

3. 分析问题阶段

本阶段为了探讨分析顾客参与创新的影响因素及对其的影响，需要对创新顾客行为以及口碑影响作用进行提炼。这是访谈中的关键部分，要求能够让访谈对象进行充分讨论，激发访谈者的内隐知识，挖掘出参与创新活动的后续行为的关键要素。具体从以下三个问题进行访谈。

（1）现在很多企业都会通过社区收集顾客信息，鼓励顾客参与创新，您认为这种方式能够帮助企业实现产品或服务创新吗？

（2）请谈谈您在社区参与创新的一次体验，包括过程描述、心理变化、遇到的问题、参与结果、后续行动等。您认为用户参与创新对于企业有什么意义？

（3）您认为参与社区创新活动过程中，作为社区成员应该具备什么条件或者能力？这种社区创新活动会对您产生怎样的影响？

4. 解决问题阶段

本阶段则围绕"顾客参与创新与口碑推荐行为关系"问题展开访谈，希望能从被访者的亲身经历角度去理解两者的关系，最终为确立下一阶段的框架模型提供支持。具体从以下三个问题进行访谈。

（1）请谈谈您向他人分享的经历，包括推荐该社区、企业、品牌、产品或服务等。您认为您的推荐对他人产生影响了吗？

（2）请结合一次您亲身参与的活动，谈谈您认为什么样的参与体验会鼓励您向他人进行推荐？

（3）请谈谈您认为社区在鼓励分享上可以改进的地方；如果要更好地管理和运营，您会建议企业采取怎样的策略。

具体访谈提纲详见附录 A。当然，在上述访谈题目的基础上，访谈人员可以针对被访者的访谈内容相应增加适合的访谈问题。

3.2.2　访谈实施

本访谈主要对在创新社区中级别较高的成员进行访谈,采用面谈方式,少数采用电话访问和远程方式访问。为保证访谈资料能够最大化体现顾客参与创新的情境,我们要求被访者必须是成为该社区会员两年或两年以上且在该社区登录频繁,并多次参与社区活动,最后筛选出有效被访者及资料 11 份,其中小米社区被访者 3 人,华为社区(花粉俱乐部)被访者 4 人,易企秀社区被访者 4 人。在访谈过程中,结合被访者的具体情况相应增加问题,要求被访者列举出具体的情境背景,同时展开细节描述,最后,按照被访者原话将访谈整理成文字。

3.3　范 畴 提 取

3.3.1　开放式译码

开放式译码是指对所划分确定出的单元进行开放性编码,要求研究人员具备细心开放的态度,按照访谈原始资料中有意义、信息完整和独立的语句和语段进行编码,细化每一个有意义的单元,其目的在于明确现象、归纳概念、发现范畴等,最终收集材料数据,从而帮助本书研究问题。

了解探讨顾客参与创新的过程及其面临的问题,本身直接体现在顾客对参与创新的想法,可以从访谈资料中直接分析并编码,如"注册网站""性能""性价比"等。但是要了解从顾客参与创新到口碑推荐的形成机制,因为受访者缺乏足够的提炼和总结能力,并且许多信息难以直接获得,所以需要深入分析资料背后的意义,通过对访谈信息进行抽象概括来获取这个编码,如"对社区的归属感""对社区的依恋""发展友好关系"等。

下面以"对社区的归属感"这个概念条目的提取为例进行说明,例如有两位受访者说道:

"一般我都会上去逛逛,比如早上开电脑时,晚上睡觉前,浏览论坛,总有一些惊喜,如果看到一个技术帖,或者邀请参与活动链接等,有些我会点进去看,有些就直接略过,但总之刷刷好像心里会踏实点。"

"比如说昨天不是系统更新嘛,我就守着等,就想第一时间用到,然后刷机、升级,你在论坛上会发现好多人都跟你一样,在那待着,然后就有很多评论贴出来了。"

这两段话描述顾客使用社区平台的情况,表明顾客不仅是在日常使用社区平台来获取信息,也会由于特殊需要而在社区中获取所需知识。第一个受访者主要描述的是顾客日常一天使用社区平台的频率;第二个受访者主要描述的是在系统升级这样的特殊情况下,使用社区平台的情况。无论是日常使用还是特殊情况下使用,都属于自发情感的范畴,影响后续顾客的行为,因而这两段原始资料单元均可抽取出概念条目"对社区的依恋"。

以同样的方法,本书为确定的单元赋予概括性的概念,并对提炼的概念条目以"a + 编码序号"进行排序归纳,概括出 172 个与相对应的概念,具体见表 3 - 3。

表 3 - 3　开放性编码的概念提炼

提炼概念

a1 注册网站	a27 奖励制度	a53 外观漂亮	a79 页面美观程度
a2 付出努力	a28 对社区的归属感	a54 其他成员的参与	a80 依恋
a3 对社区的认可	a29 社区成员地位平等	a55 推荐他人参加活动	a81 花费精力
a4 时间成本	a30 鼓励发帖	a56 兴趣爱好	a82 花费金钱
a5 网站演示视频	a31 言论自由	a57 创作新颖	a83 推崇个性化展示
a6 手机配置	a32 任务难度大	a58 创意想法	a84 我清楚制作流程
a7 性能	a33 互动频繁	a59 为品牌代言	a85 我了解产品信息
a8 归属感	a34 对品牌的偏好	a60 口碑传播	a86 系统更新
a9 注册登录程序	a35 对品牌的依恋	a61 个人偏好	a87 等级分类
a10 社区权限	a36 形成依附感	a62 谈话的资本	a88 社区版块
a11 反馈信息	a37 美观程度高	a63 社区管理	a89 提出产品设计的创意
a12 分享新产品设计知识	a38 权限	a64 比较从众	a90 才能展示
a13 再次购买和推荐	a39 关系特殊	a65 认同感	a91 社交圈扩大
a14 虚荣心	a40 时间和精力	a66 共同兴趣	a92 互动
a15 过程复杂	a41 创新活动指引	a67 提高产品创新度	a93 获得友谊
a16 展示地位	a42 提高影响力	a68 互惠互利	a94 改进产品性能
a17 任务有趣	a43 视频演示	a69 推荐他人加入社区	a95 直播
a18 对社区的依恋	a44 周到的社区管理	a70 体现自身能力和个性	a96 为企业节省成本
a19 获取他人的认可	a45 版块内容丰富	a71 知识分享	a97 操作简单
a20 推荐社区给其他人	a46 创新效果显著	a72 活跃度高	a98 论坛达人
a21 微博粉丝数量	a47 与他人联系	a73 图文指引	a99 看模板
a22 加粉	a48 主人翁感	a74 创新知识	a100 关系管理
a23 关注主页	a49 展示	a75 信息丰富度	a101 告诉亲戚朋友
a24 实现产品更新换代	a50 性格外向	a76 美观度高	a102 推荐产品
a25 共同完成任务	a51 模板演示	a77 和其他成员互动	a103 意见领袖
a26 帮助产品创新	a52 性价比高	a78 奖励	a104 展示财富

表 3 - 3(续)

提炼概念

a105 通过自身努力	a122 实现想要的功能	a139 参与制作	a156 推荐相关品牌
a106 个人品位	a123 社区氛围好	a140 爱和他人分享	a157 微博粉丝
a107 更多的谈资	a124 做出想要的效果	a141 社交平台互动	a158 分享产品体验
a108 文字指引	a125 社区活动丰富	a142 不喜欢和别人一样	a159 互动体验
a109 要求文明发帖	a126 设计 5H 页面	a143 依恋感	a160 直播参与过程
a110 社区规范	a127 交流信息多	a144 外向	a161 关系友好
a111 发展友好关系	a128 文字说明	a145 激励	a162 帮助其他顾客
a112 社区严格管理	a129 模块化	a146 影响力大	a163 自由讨论
a113 展示了自身才能	a130 关系亲密	a147 与自身理念相吻合	a164 结果展示
a114 喜欢与人交往	a131 操控简单	a148 分享社区活动	a165 增加产品功能
a115 社区主人翁感	a132 社区管理规范	a149 特色	a166 系统好用
a116 信息丰富	a133 体验好	a150 提高效用	a167 有亲密感
a117 认同品牌价值观	a134 版块功能清晰	a151 操作难易程度	a168 特色鲜明
a118 渴望友谊	a135 图文指导	a152 内容丰富	a169 地位高
a119 产品改善提高	a136 增加互动	a153 5H 页面制作	a170 社区权限明确
a120 交流频率高	a137 依靠社区环境	a154 分享朋友圈	a171 认同感高
a121 分享创新经验	a138 主要是自身努力	a155 网站注册	a172 社区等级分明

接着对上述概念进行提炼,因为这里所提炼出的概念是没有经过比较合并的,会出现意思大致相近或概念重复的情况,需要进一步抽象地归纳概念。比如初始编码中出现"互动频繁"和"交流频率高"这两个概念,归纳合并后就保留"互动频繁"这一个概念;又比如初始编码中出现"分享创新经验""分享朋友圈""社交平台互动"等概念,归纳合并后就提炼出"在社交媒体分享产品体验"这一个概念。以同样的方法,最终得出 80 个概念,并以"aa + 概念序号"表示,具体见表 3 - 4。

表3-4 归纳合并后的概念表述

概念表述			
aa1 手机配置	aa21 互动频繁	aa41 我了解产品信息	aa61 发展友好关系
aa2 性能	aa22 关系特殊	aa42 我清楚制作流程	aa62 直播参与过程
aa3 注册登录程序	aa23 创新活动指引	aa43 等级分类	aa63 渴望友谊
aa4 社区权限明确	aa24 视频演示	aa44 社区版块	aa64 交流频率高
aa5 付出努力	aa25 展示	aa45 页面美观程度	aa65 交流信息多
aa6 时间成本	aa26 模板演示	aa46 花费精力	aa66 文字说明
aa7 反馈信息	aa27 性价比高	aa47 花费金钱	aa67 模块化
aa8 社区等级分明	aa28 5H 页面制作	aa48 提出产品设计的创意	aa68 操控简单
aa9 获取他人的认可	aa29 周到的社区管理	aa49 论坛达人	aa69 实现想要的功能
aa10 增加产品功能	aa30 创新效果显著	aa50 有亲密感	aa70 做出想要的效果
aa11 虚荣心	aa31 其他成员的参与	aa51 意见领袖	aa71 社区管理规范
aa12 推荐相关品牌	aa32 体现自身能力和个性	aa52 展示财富	aa72 版块功能清晰
aa13 实现产品更新换代	aa33 比较从众	aa53 个人品位	aa73 依靠社区环境
aa14 信息丰富度	aa34 推崇个性化展示	aa55 帮助其他顾客	aa74 主要是自身努力
aa15 对社区的归属感	aa35 共同兴趣	aa54 更多的谈资	aa75 不喜欢和别人一样
aa16 对社区的依恋	aa36 操作简易程度	aa56 为企业节省成本	aa76 外向
aa17 对品牌的偏好	aa37 推荐他人加入社区	aa57 展示了自身才能	aa77 爱和他人分享
aa18 对品牌的依恋	aa38 推荐他人参加活动	aa58 社区"主人翁"感	aa78 在社交媒体分享产品体验
aa19 社区成员地位平等	aa39 为品牌代言	aa59 认同品牌价值观	aa79 与自身理念相吻合
aa20 言论自由	aa40 口碑传播	aa60 要求文明发帖	aa80 分享社区活动

3.3.2　主轴式译码

主轴式译码需要充分利用时间关系、语义关系、因果关系、情境关系等不断地对各个范畴之间的关系进行比较,在开放式译码基础上,针对研究对象,对各范畴不断比较,根据资料重复熟悉各范畴的性质和维度等,从而得出范畴间的关联性。通过分析比较,本书将开放式译码提取到的 80 个概念进一步合并为顾客参与创新、顾客心理依附、社区环境、顾客个体特征、口碑推荐行为、顾客知识管理等 6 个范畴,具体见表 3 - 5。

这 6 个范畴均是管理学领域中的概念。

(1)顾客参与创新,是指顾客和企业相互合作,顾客积极参与企业的创新活动,促使企业改进产品或服务,最终获得有价值的成果。在开放式译码的分析结果中显示,它包括参与程度和贡献感知。

(2)顾客心理依附,是指一种联结顾客和组织的情感心理纽带,它表现为个体对其组织的承诺与主动参与,在开放式译码的分析结果中显示,它包括社区心理依附和品牌心理依附。

(3)社区环境,是指顾客参与创新社区活动时,影响其口碑推荐行为的外部影响因素,包括社区氛围、关系强度、指导方式和提供模板。

(4)顾客个体特征,包括顾客的自我构念和个性。

(5)口碑推荐行为,是指顾客愿意把品牌、社区向亲朋好友或他人推荐。

(6)顾客知识管理,是指顾客群体中掌握的优质资源,包括顾客需要的知识、关于顾客的知识、来自顾客的知识,企业和顾客在共同发现和创造并进入企业产品创新的知识,在开放式译码的分析结果中显示,它包括主观知识管理和客观知识管理。

表 3 - 5　归纳的范畴及其包含的概念

序号	范畴类别	范畴维度	包含的概念
(1)	顾客参与创新	参与程度	付出努力,时间成本,花费精力,花费金钱,操控简单,做出自己想要的效果,获取他人的认可,论坛达人,意见领袖,主页关注度
		贡献感知	反馈信息,提出产品设计的创意,实现自己想要的功能,实现产品更新换代,为企业节省成本,展示了自身才能,增加产品功能
(2)	顾客心理依附	社区心理依附	对社区的归属感,社区主人翁感,对社区的依恋,共同兴趣,与自身理念相吻合
		品牌心理依附	对品牌的偏好,对品牌的依恋,认同品牌价值观,虚荣心,展示财富,个人品位,更多的谈资
(3)	社区环境	社区氛围	社区成员地位平等,言论自由,发展友好关系,要求文明发帖,社区等级分明,社区权限明确
		关系强度	互动频繁,关系特殊,渴望友谊,交流信息多,有亲密感
		指导方式	注册登录程序,创新活动指引,视频演示,文字说明,社区管理规范,周到的社区管理,信息丰富度,操作简易程度
		提供模板	社区版块,展示,模板演示,模块化,创新效果显著,版块功能清晰,页面美观程度

表 3 - 5(续)

序号	范畴类别	范畴维度	包含的概念
(4)	顾客个体特征	自我构念	其他成员的参与,体现自身能力和个性,依靠社区环境,主要是自身努力
		个性	比较从众,推崇个性化展示,不喜欢和别人一样,外向,爱和他人分享
(5)	口碑推荐行为	口碑推荐社区	推荐他人加入社区,推荐他人参加活动,分享社区活动,直播参与过程
		口碑推荐品牌	为品牌代言,口碑传播,帮助其他顾客,推荐相关品牌,在社交媒体分享产品体验
(6)	顾客知识管理	主观知识	我了解产品信息,我清楚制作流程
		客观知识	于机配置,性价比高,性能,5H 页面制作

在这6个范畴的基础上,按照原因条件、现象、中介条件、环境背景、干预条件、结果等的脉络模型总结出范畴关系,初步概括出创新顾客口碑推荐形成的典范模型,研究中所分析的"结果"为创新顾客口碑推荐行为;而顾客参与创新是顾客口碑推荐行为的初始动机,划归到"原因条件"类别;顾客知识管理是参与创新过程中的重要管理内容,划归到"现象"类别;顾客心理依附是心理变化因素,划归到"中介条件"类别;社区环境是外部环境,划归到"环境背景"类别;顾客个体特征属于"干预条件"类别。典范模型的思路是,"顾客参与创新"是形成最终口碑推荐的初始动机,在参与创新过程中,"顾客知识管理"是其中重要的现象,而参与创新后顾客的心理会发生变化,这种变化正是通过"顾客心理依附"这个中介条件而对顾客"口碑推荐行为"产生影响作用的,同时,这个口碑效应也受到"环境背景"和"顾客个体特征"的影响。综上所述,从创新顾客口碑推荐形成视角构建出典范模型,如图 3 - 1 所示。

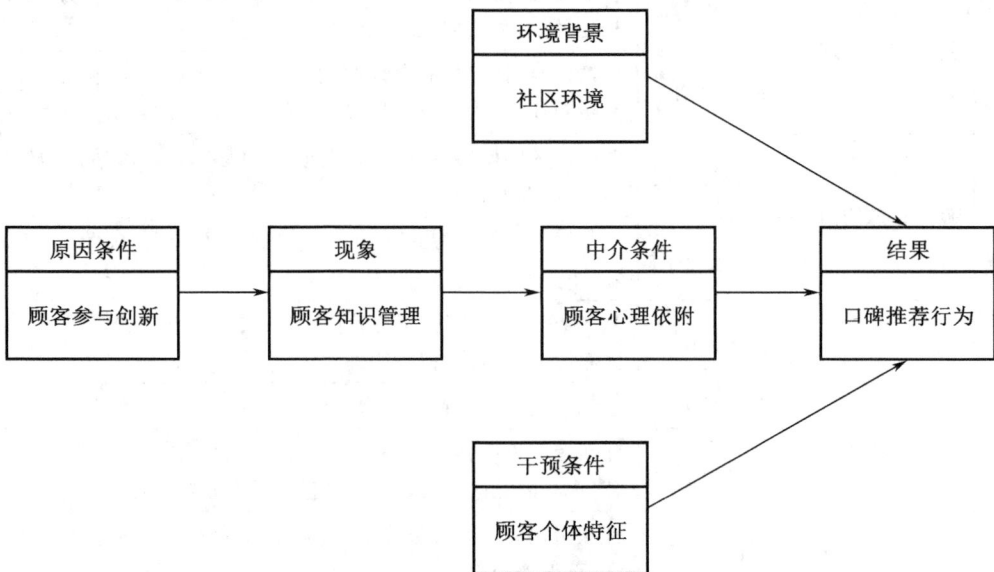

图 3 - 1　主轴式译码下的典范模型

3.3.3　选择式译码

选择式译码是指从众多范畴里选择 1 个范畴作为构建理论的核心,也即主范畴,其他剩余的范畴围绕主范畴建立起系统的联系。对于本书而言,创新顾客口碑推荐行为属于主范畴,其余的 5 个范畴属于副范畴。在此,按照典范模型的分析逻辑,结合访谈提取的原始资料,形成本书的关于创新顾客口碑推荐行为的故事线,下面将从两条路径出发具体展开阐述该故事线。

1. 顾客参与创新后的心理变化对口碑推荐的影响路径

创新顾客口碑推荐形成故事线的第一步是顾客心理依附的产生:当顾客参与创新后,会对自身参与程度和贡献进行评估,如果顾客感知到自身所付出的努力为企业创新贡献了力量,就会逐步和企业建立起一种情感联结关系,从而加强了顾客心理依附,这也成为创新顾客口碑推荐行为的关键动因,同时,顾客个体特征还能对其产生调节作用。

在访谈过程中可以发现,创新顾客强调自己付出努力、时间、精力、金钱等来表明自己的参与程度,同时也非常重视自己在参与过程中能够对企业的贡献,包括提出向企业提供信息和知识、提出产品设计的创意、实现自己想要的功能、实现产品更新换代等。比如:

"一般都是晚上睡觉时逛版块,有时甚至熬夜找 bug,然后再留言。"

"你看到小米上这个闹钟界面显示功能吗? 这是我之前就想实现的,就在版块中提出设想,后来一次刷机后发现功能真的改进了。"

这种参与创新直接影响到顾客心理依附的情感变化。当被访者回答"社区创新活动对您的影响时",一方面会提到对社区的情感联结,包括对社区的归属感、社区主人翁感、对社区的依恋等;一方面也会提到对品牌的情感联结,包括对品牌的偏好、对品牌的依恋、认同品牌价值观等。比如:

"小米最近的负面新闻不少,销量下降啦,质量不行啦,我是一个米粉,看到这些很不舒服,我喜欢没事逛社区刷帖,这里好啊,帖子评论都是支持小米的,满满的正能量。"

"华为比苹果好太多了,拿着个苹果也就是炫耀罢了,但真正对比,华为功能强多了,支持国货我自豪啊。"

顾客个体特征在这个变化过程中也起到影响作用。在回答创新活动过程描述、社区成员应该具备什么条件或者能力时,被访者提到自我构念、个性等不同的特征,影响到初期对创新活动的参与及后续行为等。比如:

"现在谁都离不开手机,我们公司要发个邀请函,我当时就用易企秀做,做完给我领导看,怒赞我呀,可能我之前有点设计功底,但我不喜欢和别人做得一样。"

顾客对品牌产生的心理依附,以及对社区产生的心理依附会共同促进顾客对该社区的认同感,当顾客将其视为社区的一员,认同社区并将社区的价值观和自己的价值观统一,他会不自觉地成为该品牌的代言者,从而产生口碑推荐行为,同时社区环境对其产生调节作用。

在访谈过程中可以发现,被访者会基于对社区或品牌的情感依附从而向别人推荐,当然,这种推荐一方面包括推荐他人加入社区,推荐他人参加活动或是在自己的社交媒体发

布参与链接等;另一方面包括推荐相关品牌、分享产品体验等。比如:

"每次他们活动时我都会把链接发上朋友圈,然后有朋友也会加进去看看。"

"去年我买了他们家十几部手机,都是推荐给亲戚后帮他们买的。"

社区环境在口碑效应形成过程中产生影响作用,社区氛围、关系强度等,在问及参与创新社区活动时遇到的问题时,被访者多次提到社区氛围,包括社区权限、言论自由、发帖、等级等问题,被访者也提到了和论坛中其他用户的互动关系,包括互动频繁、交流信息多、有亲密感等。比如:

"在用户论坛中,有个易企秀学院,我在那里学到很多制作技巧,不过看那些帖子是有权限的,如果不是企业会员,很多都没法浏览。"

"我就是在论坛中认识了现在的哥们,之前经常看他的技术帖,然后回帖几次后就认识了,他厉害呀,很多技术问题问他都能搞定。"

2. 创新顾客知识对口碑推荐的影响路径

在创新社区情境下,创新顾客口碑管理表现为对顾客知识的管理,顾客知识分为主观知识和客观知识,拥有较高专业知识水平的顾客会对自己亲自参与完成的产品有较高的满意度,从而直接影响自身的口碑推荐意愿。同时,社区环境会对其产生调节作用,社区环境包括对顾客参与创新全过程的指导,以及在参与过程中,提供怎样的模板供顾客参考和学习,即指导方式和提供模板,这个管理策略应与顾客知识相匹配。

在访谈过程中可以发现,被访者具备的不同条件或者能力,掌握的知识水平等同样会影响到他们的推荐意愿,本书将其归类为对顾客的知识管理,它主要包括主观知识,即个体对产品了解程度的自我评估,还有客观知识,即个体实际拥有的知识。比如:

"我是个手机发烧友,我几乎对市面上所有手机都比较过,价位、功能、质量等你都可以问我。"

"5H页面制作看起来简单,但真正想做到美观,让别人一打开就一定往下看还是需要一定工夫的,我给你看看我的几个作品,用它提供的那些模板是做不出这样的效果的。"

而在问及如果要更好地管理和运营,你会建议企业采取怎样的策略时,被访者都不约而同地提到社区指导方式、模板化等问题。因此,我们认为,强调社区环境和顾客知识匹配度是企业进行创新社区口碑管理的重点。比如:

"很多人一开始接触都是看到别人做的作品然后想尝试的,这时候如果有更直接的视频指导会更好。"

"我第一次也就是照着他们给的模板做,发现还挺方便的,后来上手了我就不用了,自己设计更有个性。"

也就是说,影响创新顾客口碑推荐可以沿着以上两条路径进行探讨,结合访谈原始资料和逻辑分析,本书梳理了故事线,使该逻辑有效包含归纳原始访谈材料中的所有范畴,第一条路径主要从顾客参与创新后的心理变化角度出发,从顾客参与创新,到顾客心理依附,再到创新顾客口碑推荐,在这个过程中个体特征和社区环境都对其产生影响;第二条路径主要从顾客知识管理角度出发,从顾客知识管理到创新顾客口碑推荐,在这个过程中社区环境对其产生影响,如图3-2所示,扎根理论研究至此完成。

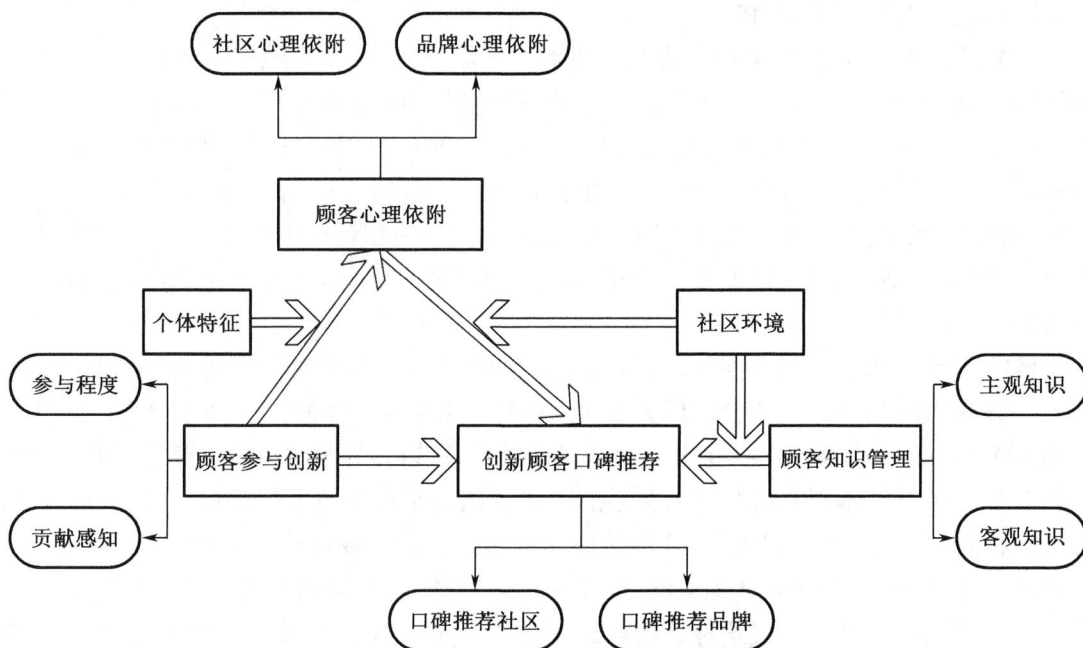

图 3 - 2 创新顾客口碑推荐形成的初始模型

3.4 研 究 论 题

本书在扎根理论研究的基础上,构建了创新顾客口碑推荐形成的初始模型。在这个初始模型的基础上,本书稍作调整,通过理论研究,面向创新社区,基于心理变化和知识匹配两个视角,从三个子研究项目探讨创新顾客口碑推荐的形成机理和管理策略,提出研究论题,为后续实证的研究奠定基础。

3.4.1 心理变化视角下顾客参与创新对心理依附的影响

近年来,学界普遍认为顾客越来越多的参与企业创新。因为市场变得越来越透明,竞争越发激烈,所以顾客能够更为便利地通过网络得到企业及其产品的信息(Harrison et al,2006;Prahalad et al,2000)。因此,企业逐步给予顾客更多的自治权(Wathieu et al,2002)。当顾客参与创新时,顾客需求可以在参与的过程中得到更好的满足。这种参与创新可以通过互联网来实现,企业通过搭建强大的社区使来自全世界的顾客都可以融入其中(Ogawa et al,2006)。目前,大多数研究主要是关注顾客创新可以为企业带来更低的成本和风险,并生产出更好的产品(Dahan et al,2002;Fuchs et al,2010;Verona et al,2006;Hippel,2005)。但事实上,顾客创新不仅为新产品的开发带来好处,还会影响顾客的心理变化(Fuchs et al,2010)。

首先,顾客参与创新使顾客体验和感知到一种影响力,从而产生一种心理情感上的变化。感知影响指顾客感知他自身的能力能影响特定的结果(Spreitzer,1995)。相比于没有参加创新的顾客而言,创新顾客相信他们对企业及其行为有一种更强烈的影响,从而产生了某种和企业之间的心理联结。

其次，创新顾客在参与决策过程中产生的这种心理变化，使得顾客对创新产品产生一种的"战利品成分"（Wathieu et al,2002），其中表现明显的是成就感可能会带来强烈的心理所有权感（Pierce et al,2001；张德鹏 等,2015），这与 Ulrich（1989）的研究结果相一致，他指出顾客参与新产品开发（比如，让他们帮助选择积极推行的产品）时，企业会从积极的心理结果获益，比如顾客对产品的直接承诺。成就感，包括作为创新顾客的地位水平、向他人炫耀参与创新的过程，以及取得的创新成果等，他表明感知是个体对自身以及企业产生的一种情感变化。

最后，传统的顾客参与企业生产活动，会受到顾客自身影响和实践的调节（Blazevic et al,2013；Kozinets,1999），有充分的研究表明个体特征会影响个体的认知、情感和态度（Cross et al,2000），而顾客如何看待自己与其他成员的关系，可以作为预测他们口碑行为的一个重要的个人因素，这个联系自身与别人关系的个体意识称作自我构念（Lewis et al,2008）。两种类型的自我构念已被人们确定：分别是独立型和依存型（Markus et al,1991）。拥有独立型自我构念的个体具有更高的独特性和自主性，因为他们主要把自己看作一个独立的个体，而不是团体的个体。通过这种自我意识，个体在本质上将自己独立于他人，而且他们的独立型自我构念变得突出。结果是不管在何种社交环境下，具有独立型自我构念的个体都会追求他们自己能表达个性的目标（Trafimow et al,1991；Ybarra et al,1998）。相反，具有依存型自我构念的个体会去评估连通性和团队和谐，因为他们主要会把自己看作团队中的一分子。拥有了这种自我意识，这些个体会认为自己与其他人是有联系的，他们的依存型自我构念就会变得突出，他们在特定的社交环境下会倾向于寻求实现社会凝聚力的目标（Trafimow et al,1991；Ybarra et al,1998）。因此，引入自我构念的变量，思考在创新顾客产生心理依附的过程中，这种对自身与他人的社会关系的自我认知差异是如何影响和表现的。

基于上述分析，本书提出如下研究论题：

论题1 顾客参与创新正向影响顾客心理依附，成就感在这个影响过程中起到中介作用，自我构念发挥着调节效应。

3.4.2 心理变化视角下顾客心理依附对口碑推荐的影响

顾客参与是可持续竞争优势、盈利以及获得消费者忠诚度的关键（Blazevic et al,2013）。企业建立或消费者建立的品牌社群平台支持以专业化、非地理范围的形式聚集人们形成创新社区（Valck et al,2009）。这些社区为消费者提供认其讨论产品或服务和发泄他们负面情绪的平台，但更重要的是，他们可以向其他客户学习如何更好地使用产品或服务。大量的研究已经检验了在现代社会中，这些社区在调节企业和顾客关系中如何发挥重要作用（Muniz et al,2005；Schau et al,2002；Yeh et al,2011）。这些研究结果表明，企业、顾客和其他顾客通过在线社区的互动体验对于顾客忠诚是非常有用的。因此，本书假设创新顾客通过参与从而产生的心理变化，会直接影响到他们的口碑推荐。

事实上，顾客参与开放式的创新社区，意味着他们相比较于局限的个体，可以在社区的人群中得到明显的好处（Dellarocas,2003）。有研究表明，贡献者/传播者积极从集体创造力中寻找利益，社会互动帮助他们探索新的解释和发现，而这些在单独思考中是不会产生的

（Hargadon et al,2006），"消费者集体"帮助贡献者的思维过程通过主动变异和选择过程实现（Simonton,1999），这些过程由其他人的不同思想和经验所支撑。Kollock（1999）指出，"高质量的信息，用户回答中令人印象深刻的技术细节，乐于助人，以及优雅的文字都可以增加一个人在社区中的信誉"（在现实世界中，地位和声誉受其他资源的支撑，如收入和财产）。对保持声誉这一积极结果的渴望，用户会更加努力地为其他用户提供有价值的信息。一些研究已经发现了这种积极加强机制的证据。例如，Cheung et al（2012）发现，信誉、归属感和乐于助人是产生网络口碑意愿的主要驱动力。因此，在这个过程中，顾客心理依附对顾客行为的影响主要是经由个体对社区的认知和态度变化来实现的。这里引入社区认同来验证这种中介效应。此外，网络环境的相对匿名性和目标导向性意味着对于积极贡献者而言，社区环境如社区氛围以及推荐者和被推荐者间的关系等，是企业需要开发和利用的资源，而在影响顾客口碑推荐的过程中，这些因素同样发挥着影响作用。

基于上述分析，本书提出如下研究论题：

论题 2   顾客心理依附正向影响顾客口碑推荐，社区认同在这个影响过程中起到中介作用，社区氛围、关系强度发挥着调节效应。

3.4.3   知识匹配视角下创新顾客知识对口碑推荐的影响研究论题

研究表明，知识管理的过程受三个关键因素的影响：知识的性质、知识管理策略和促进知识管理过程的实施，这些因素在一个组织内管理知识的获取和整合是至关重要的。Gilly（1998）通过实证研究表明，产品知识和口碑之间没有正面或者线性关系，Bansal et al（2000）的研究讨论顾客专业知识水平和口碑之间不一致的关系，Wangenheim et al（2004）指出顾客专业知识和口碑之间的交互作用仍值得广泛研究，这些以往的研究都是基于 Brucks（1985）关于信息收寻者经验的数量和他收集信息的外部实验之间是负相关关系的研究结论。这是因为拥有较高专业知识水平的消费者认为他们已经掌握了足够的信息去做精准的购买决策，所以他们就投入较少的努力去获取额外的产品信息或者评估产品。总之，传统的口碑研究表明，顾客知识对口碑行为的影响存在矛盾的结论。

顾客通过创新社区参与创新时的介入是具体而且精细的，从而对企业而言更有价值，更高的精细程度要求在顾客互动过程中具有更好指导的方法。为了取得创新问题针对性的解决方法，企业需要将顾客领域中需求信息和它们自身的解决信息相结合。因为第一个解决方法并不总是最好的，企业通常多次重复这个过程，并在这当中对一个创新问题评价其可能性解决方案。这个不断尝试的过程成本很高，因为它孕育了顾客和企业之间保持稳定的循环式交流。由于需求和解决信息的黏性，双方之间的交换往往是枯燥无味，并伴随着高交易成本的（Hippel,1998）。因此，这时候就需要社区通过管理，将不断尝试的过程交付给顾客的（Franke,2003,2004;Hippel,2001;Thomke et al,2002），其中很重要的是对顾客的指导，以及在创新工具箱中提供模板等，顾客才可以在企业提供的交流平台上，根据自身的需求有效地使用创新工具得出解决问题的办法。

考虑到顾客在品牌社区参与创新的作用，本书关注顾客知识与社区管理要素之间的相互作用，研究社区管理要素如何与顾客的认知相匹配，从而最大限度地激励创新顾客的口碑效应。

基于上述分析,本书提出如下研究论题:

论题3 创新顾客知识正向影响顾客口碑推荐,如何能够更好地激发创新顾客口碑,取决于顾客知识和社区管理(包括指导方式和提供模板)的匹配度。

3.5 整体概念模型

根据前文提出的初始研究论题,本节构建该研究的整体概念模型,如图3-3所示。整体概念模型体现了本书的总体研究逻辑:心理变化视角下第一阶段的研究提出,顾客心理依附是创新顾客口碑推荐的重要动因,同时受到成就感的中介作用和个体特征(自我构念)的调节作用;心理变化视角下第二阶段的研究提出,顾客心理依附对口碑推荐行为的影响机理,受到社区认同的中介作用和社区环境(社区氛围、关系强度)的调节作用;知识匹配视角下的研究提出,要对创新顾客口碑推荐行为进行更好的管理,要注重创新顾客和社区环境(指导方式、提供模板)的匹配问题。本书将在后续章节中,通过理论假设和实证检验,对整体概念模型分3个子研究项目进行验证。

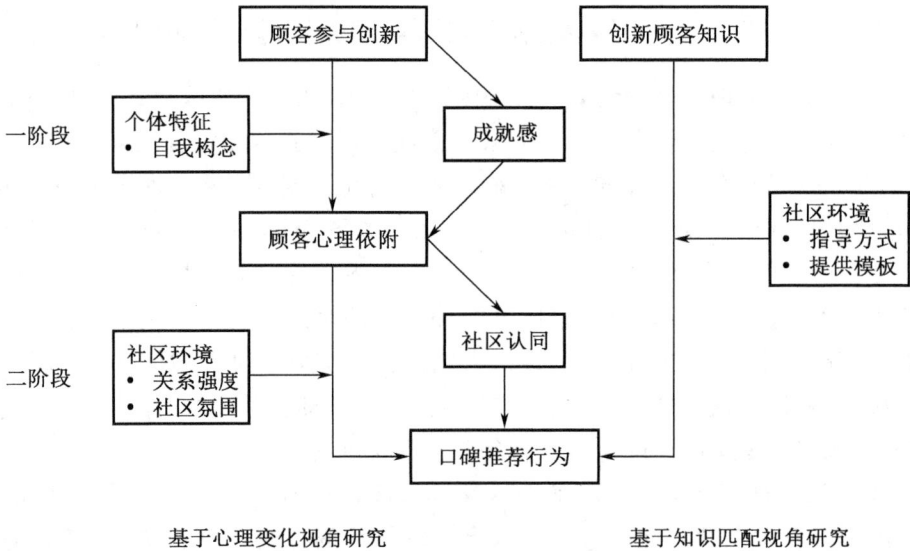

图3-3 整体概念模型

第4章 心理变化视角下顾客参与创新对心理依附的影响研究

本章基于社会认同理论研究创新社区平台下顾客参与创新对心理依附的影响效应,探讨这种心理变化对顾客形成顾客心理依附的影响。首先通过推导出顾客心理依附形成机理的概念模型,提出相应研究假设;然后采用问卷调查法,通过网上调研和现场调研收集数据;最后将收集到的491份有效样本数据运用多元层次回归模型进行实证检验,以期为进一步梳理创新顾客口碑推荐模型奠定理论基础。

4.1 研究概念模型

尽管已有企业通过创新平台实现新产品开发的成功,如 Threadless 几乎完全把新产品研发"外包"给基于顾客的创新社区,并取得很好的市场反应(Schreier et al,2012)。然而,也有企业未能取得预期效益,有调查显示,大部分跨国企业所构建的创新社区,并没有带给企业所期望的经济收益和回报,还出现在线用户参与度低、缺乏有价值的贡献、用户资源严重流失等情况(Wang et al,2011)。情感是另一个结果(Grisaffe et al,2011),情感承诺指喜欢、情感依恋和归属感,具有情感承诺的个体对关系有积极的态度并且愿意留在其中(Yang et al,2014)。

心理依附(psychological attachment)属于心理学的范畴,是指联结个体和组织的心理纽带(Charles,1986)。心理依附的研究主要应用于组织行为领域,员工对组织的心理依附是对组织的目标和价值观有偏见的、有效的依附,是基于个体利益和组织利益的依附。有学者尝试通过计算卷入程度或者一种外在奖励行为的交易来将这种心理依附和道德依附区分开来(Meyer et al,1984)。心理依附是一种态度,它不是一种被动的行为(比如,默默地支持),而是会清晰地表达出来,并伴随后续的忠诚行为(Burris et al,2008);实验研究表明,关爱的、有力的领导和清晰的愿景会提高员工对组织的心理依附(Pattnaik,2014)。然而,几乎没有学者将心理依附的研究应用于顾客创新领域。随着越来越多的顾客通过企业创建的创新社区参与产品/服务的创新活动,在社区上贡献自己的资源、主动提出自己的创意并持续性地关注社区的动态,所以有必要研究是什么因素影响顾客对社区的心理依附以及它的作用过程。

在第3章中,通过扎根理论的定性研究方法,提出了第一个研究论题:顾客参与创新正向影响顾客心理依附,成就感在这个影响过程中起到中介作用,自我构念发挥着调节效应。本章在定性研究的基础上,构建顾客参与创新对心理依附的影响研究,如图4-1所示。

社会认同理论指出,社会认同是一种自我概念,这个自我概念源于社会类别、角色以及个人对自己属于哪一群体的感知(Tajfel,1978)。这些认同包含了特质、态度、行为、品牌和与其社会类别相关的目标的知识结构,使个人了解并统一他们的日常行为(Burke et al,2009;Kleine et al,1993)。个人拥有一个由独立的社会认同组成的群集,这些独立的社会认同具有不同的显著性和中心性,他们连同个人认同构成了一个人的全面自我意识(Kleine et al,1993)。顾客在创新社区中开展了创新活动,在参与过程中,对自己属于创新社区这个群体的感知会更加强烈,且由于这种参与会提高其对自身的肯定和自豪感,这种社区认同,连同个体自我意识的提升,会进一步加强顾客对所在社区的情感联结。图4-1是具体的概念模型。

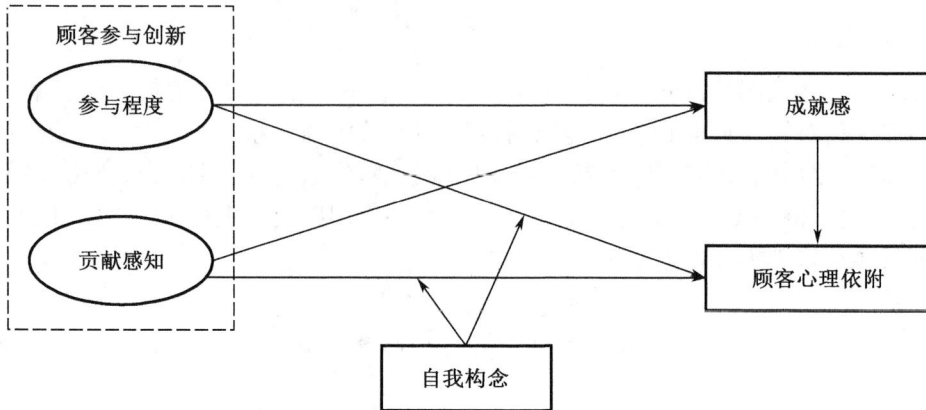

图4-1　顾客参与创新对心理依附的影响研究概念模型

4.2　研究假设

4.2.1　顾客参与创新和心理依附的内涵

1.顾客参与创新的内涵

顾客参与创新表现为顾客提出自己关于产品或服务的新构思,或是在工具箱的帮助下亲自设计产品(Kristensson,2004)。顾客参与是指顾客为服务生产或传递提供的行动和资源,反映了顾客的积极角色,包括提供活动和投入,而不仅是服务过程中与一线员工的接触。Alam(2002)将顾客参与从低到高分为投入的消极获得、对特定问题的反馈、对顾客广泛咨询、代表出席四个层次。顾客作为积极的参与者,通过与企业互动共同开发产品和服务,表现在:合作开发个人经历、共同承担教育角色、共同创造被市场接受的产品和服务(Prahalad et al,2000)。可以看出这些研究主要是按照顾客参与创新投入程度的不同来研究,也就是说不同顾客在参与创新过程中的投入程度会有所差别。因此,本书将"参与程度"作为顾客参与创新的第一个变量。

由于本书是针对创新社区开展研究,因此还有必要了解创新社区的特征。创新社区是把具有不同知识的顾客整合在一起的过程,并使其不仅与企业互动,而且彼此之间也能够有效互动。它包括两类:用户创新社区(user innovation community)和开放源代码社区(open source software community)。用户创新社区主要围绕实体产品的创新活动,用户参与仅仅局限于创新知识的分享或者创新活动,这种类型社区是企业将用户创新整合到产品或服务的生产过程中,目的是改进产品和提升服务,因此用户会感知到其为企业新产品的开发间接地贡献了知识、想法、创意等(Franke et al,2003);而开放式源代码社区主要局限于软件行业,社区在线用户主要是具有计算机专业背景的人,他们能完全参与到软件产品生产的整个过程,能够很容易地通过互联网生产、开发和分销软件,因此用户会感知到他们在产品开发中贡献力量并直接获利(Casalo,2010)。可以看到,顾客在不同类型的创新社区里,对于自己创新行为的贡献感知也会有所不同。因此,本书将"贡献感知"作为顾客参与创新的第二个变量。

2. 顾客心理依附的内涵

在创新社区情境下,顾客与企业、其他顾客的互动中,形成对自我身份、个人与群体关系以及社区价值观的认同。作为一种关系纽带,这种基于顾客群体和情感价值关联的社会认同,是以自愿为基础的,显示出其身份意义的价值。因此,本书的顾客心理依附主要是指顾客对所在创新社区的心理依附,并在创新社区情境下阐述顾客心理依附的内涵:顾客心理依附是指用户把自己归入某一创新社区群体中的心理过程,这种心理既有对自己社区身份的认同,也带有个体的感情色彩,包括对社区的投入、喜爱和依恋等情感,具体可以从服从、认同和内化三个维度进行度量(Charles,1986)。服从是指社区成员受社区奖励等因素的影响而使自己的行为与社区保持一致;认同是指成员对他从属于特定社区的认知,并且社区成员资格对他具有情感和价值意义;内化是指成员将社区的目标、价值观变为个体认知的一部分并为之努力。

4.2.2　顾客参与创新与顾客心理依附的关系

1. 参与程度与顾客心理依附

顾客的社区心理依附在情感上体现为顾客对所在社区的认同和归属。归属需要是一种基本的社会情绪需要,这种需要指人们有与他人联系并维持关系的需要,通常表现在人们对某个组织或社会群体的依恋和对其群体身份的认同,其特点是频繁地见面和愉快地联系。由于网络中人们选择社区的范围更广,进入或退出某个社区的自由度更高,而社区中高频率的互动也更有助于人们形成社区归属感(Alexandrov et al,2013)。从行为上看,创新活动所带来的线上互动,包括留言讨论、电子邮件、跟帖回帖等,不同程度地增加了顾客与顾客、顾客与企业的沟通交流,顾客参与程度越高,意味着和企业、其他顾客的互动沟通越频繁,从而激发顾客对所在社区的情感依恋;从态度上看,顾客愿意免费贡献自己的知识、想法、创意等,并从中获取满足个性化需求的利益,意味着从与社区关系中获得的利益及其对社区关系的依赖程度越高。据此,本书提出假设:

H4.1　参与程度对顾客心理依附呈正向影响。

2. 贡献感知与顾客心理依附

顾客在参与不同社区类型的创新活动中,由于自身努力而带给企业的利益感知是有所不同的,而社区心理依附会受到这种贡献感知的影响。贡献感知是指顾客感知他自身的能力能影响特定结果的程度,个体越能够控制对象,就越能感知到自身与对象的融合。贡献感知会让顾客体验到"影响力"(Fuchs et al,2010),贡献感知越大的顾客会更相信他们对企业、社区有一种更强烈的影响,这种影响力会增强顾客的责任感。顾客参与新产品开发时,会"产生对产品的直接承诺",并认为产品的一部分是"他们的"的状态(Pierce et al,2003)。同样,当顾客通过社区平台参与时,会产生对社区平台的"主人翁"感,从而增强心理依附。据此,本书提出假设:

H4.2　贡献感知对顾客心理依附呈正向影响。

4.2.3　成就感的中介作用

在顾客参与创新对顾客心理依附的影响过程中，本书引入顾客的情绪情感来解释这种影响效应。顾客参与创新对心理服务的影响不仅取决于社区特征，更取决于顾客本身，顾客的个体特质、情绪情感不同，在参与创新过程中所表现出来的行为也不尽相同。禀赋效应（Endowment Effect）理论认为，一个人评估一件物品的主观价值取决于是否拥有该物品：当一件商品成为某个人禀性的一部分时，其价值会增加，属于某个人的商品比起不属于某个人的商品更加有价值（Kahneman et al,1991）。当顾客参与程度越高时，会对创新社区投入更多的努力、时间和关注，这就符合 Kahneman et al（1991）所提出的"当人们在一个对象中投资'心理能量'，这种能量和它的产品会被认为是自我的一部分，并使他们在投入中成长"。由于骄傲的成就感会作为自我实现和有效性的需要深深根植于人性，所以这种自身的成就感会嵌入顾客参与创新对象的内化过程中（Franke et al,2010）。据此，本书提出假设：

H4.3　参与程度对顾客心理依附的影响效应会受到成就感的中介作用。

社会认同理论认为，一旦社区成员自我归类为某个社会群体，其群体成员的身份意识将会影响其群体内的偏私行为，其核心的解释是个体为了满足自尊的需求激发了其社会认同的动机，突出的是身份意义的价值层面（Taifel,1978）。不同于依赖地理、血缘及人际关系等形成的传统线下社区，网络创新社区的顾客多是匿名参与，他对社区共享价值观的认同必须依赖于对其身份意义的肯定。因此这种心理依附的认同感更多来自顾客创新活动时从中所收获的成就感等情感。也就是说，顾客贡献感知会带来成就感，这种正面情绪会导致顾客对社区有更高的心理依附。据此，本书提出假设：

H4.4　贡献感知对顾客心理依附的影响效应会受到成就感的中介作用。

4.2.4　自我构念的调节作用

通过对现有文献的研究，本节区分了两种类型的自我构念：独立型和依存型。拥有独立型自我构念的个体更可能把自己看作一个独立的个体，不同于团体的个体。相反，具有依存型自我构念的个体会把自己看作团队中的一分子（Escalas et al,2005）。根据归因理论，人们试图将个体的行为归因为内部原因（个体特质）或外部原因（所处情境）。一方面，当顾客成功参与企业创新活动时，其可能会将成功归因于创新社区平台的帮助，这时他会继续做出更大努力，并对社区产生更多的认同。另一方面，当顾客将其成功归因于自身能力和自身特质时，个体则会关注自身努力是否得到回报，当社区对于个体的付出给予一定奖励时，顾客会为了获得更多奖励而继续对社区做出关系承诺，而当社区的激励机制不能带给个体相应奖励时，反而有可能挫伤顾客积极性，不仅不能提高顾客对社区的心理依附，反而会将其降低。因此，顾客参与创新对社区心理依附的影响还取决于某种个体特质，这种特质正是顾客如何看待自身与他人的关系，即自我构念。独立型自我构念和依存型自我构念在消费者人格中同时存在，本书主要基于依存型自我构念进行研究。

顾客参与创新活动，是一种与企业、其他顾客合作、沟通、互动的过程。Lee et al（2012）的研究表明，依存型自我构念对个体的合作和支持行为有着积极影响。具有依存型自我构念的个体在心理上和情感上都更倾向于与他人之间的关系，这表明依存型自我构念可能通过社区成员之间的相互作用影响顾客的顾客心理依附。依存型自我构念高的顾客，认为任何事物都是社会环境中不可缺少的一部分,受到该认知模式的影响,他们认为自己参与的创新活动和其他成员的参与密不可分,这种情感会加深他们对社区的认同和归属感,从而增强其顾客心理依附。反之,依存型自我构念低的顾客,把目标与所处的社会情境相分离,受到该认知模式的影响,他们认为自己参与的创新活动更多体现自身能力和个性,反而会减弱其顾客心理依附。据此,本书提出假设:

H4.5　依存型自我构念对参与程度和顾客心理依附间的关系起调节作用。

顾客的自我构念对顾客和企业关系的影响是多样化的,Escalas et al(2005)的研究表明,当品牌形象与核心团体所想的不一致时,具有依存型自我构念的顾客会将该品牌否定。姚卿 等(2011)的研究验证了想象广告会显著提高独立自我构念者的购买意愿,但对依存型自我构念者的影响不显著。另有研究发现,自我构建方式对在线分享有显著影响,与独立型的分享者相比,依存型分享者在线分享的意愿低(孙潇雅 等,2017)。依存型自我构念高的个体在特定的社交环境下会倾向于寻求实现社会凝聚力的目标,他们会更倾向于贡献与核心群体相一致的资源,当其感知到自身努力会为社区带来利益时,会增强对社区的心理依附;反之,依存型自我构念低的顾客会更倾向于贡献独特性资源,当其感知到自身努力可以更好地满足自身个性化需求时,反而会减弱对社区的心理依附。据此,本书提出假设:

H4.6　依存型自我构念对贡献感知和顾客心理依附间的关系起调节作用。

4.3　研　究　设　计

4.3.1　研究样本

首先,确定本研究的对象,鉴于创新社区的特征,本书研究对象被限定具有以下特征:第一,该企业通过创新社区来收集消费者建议、需求、创意等信息,社区包括创新活动征集、社区讨论、电子邮件、留言板等模块;第二,创新社区既有消费者和企业的互动,也有消费者和消费者的互动;第三,企业会给予创新社区中参与活动的成员不同程度的奖励。

其次,数据调研分为网上调研及现场调研两种方式。网上调研通过网络平台,以创新社区参与创新活动的顾客为调查对象,在各大社区网站(如小米社区、华为的花粉俱乐部、易企秀社区等)发放问卷和收集数据;现场调研委托广东某高校工商管理硕士、工程硕士作为调研人员,寻找符合样本特征的企业,并将问卷发送给各企业创新社区中的会员。

最后,得到 700 份样本,剔除不符合本研究对象的问卷后,有效回收问卷 491 份,有效回收率为 70.1%。

4.3.2　量表设计

1. 自我构念的激发

研究发现,独立型自我构念和依存型自我构念在消费者人格中同时存在,并且可以通过情境激发的方法,启动消费者潜在的不显著的自我构念类型。因此,本研究在咨询了两位心理学家的意见后,对"自我构念"的测量通过情境激发的方式,采用 Trafimow et al (1991)大多数学者在研究中使用过的激发材料,根据中文语境的特点做小部分修改,并结合 Singelis(1994)的量表来进行变量操控和测量。首先,要求所有参与者阅读一个关于 Sostoras 为国王挑选战士的故事(附录 A)。故事结束后,在依存型自我构念低的激发组中,一般选择有利于其个人功绩的战士；在依存型自我构念高的激发组中，一般选择有利于其家族利益的战士。其次，在参与者阅读完激发自我构念的短故事后，采用 Likert 5 点计分，要求他们对以下陈述做出回应：

（1）我的快乐取决于我身边的幸福；

（2）对我来说，保持与集体的和谐非常重要；

（3）我愿意为了我所在的集体利益而牺牲个人利益；

（4）我经常感觉自己与其他人的关系比个人的成就更重要；

（5）对我来说，尊重集体所做的决定是非常重要的。

最后，通过上述 5 个问题来检查情境激发的有效性。

2. 其他变量的测量

除了自我构念的测量外，本研究的其他变量借鉴国外学者已使用的量表，再根据我国企业氛围、语言习惯和语义关系对比对其进行适当的改良，形成量表的初稿。然后在校进行实地问卷、网上问卷相结合的预测试。根据他们的反馈对问卷进行部分修改，以提高指标的可读性和可理解性。具体变量测量见表 4 - 1。

表 4 - 1　测量量表

潜变量	测量维度		测量题项	参考来源
顾客参与创新	参与程度	ID 1	我会经常浏览该社区并参与讨论	Alam,2002
		ID 2	我会将我的想法告诉社区其他成员	
		ID 3	当遇到关于产品/服务问题时,我会留言寻求帮助	
		ID 4	我会积极回答其他成员在社区中的提问	
		ID 5	我会配合企业在社区中的创新活动并经常参与	
		ID 6	我会试图维护社区的正常运营	
	贡献感知	PC 1	我感觉我对企业推出的产品/服务有一定的决定权	Fuchs et al,2010
		PC 2	我感觉我可以影响企业新产品/服务的结果	
		PC 3	我觉得自己可以影响企业的未来发展	
顾客心理依附	服从	COM1	如果没有得到一定的报酬,我不会为社区付出额外的努力	Charles, 1986
		COM2	我为这个社区付出多少努力直接取决于我获得多少报酬	
		COM3	为了在这里获得报酬,有必要表现一种恰当的态度	
		COM4	我有时要以完全违背我真实价值观的方式做事	
	认同	IDE1	我告诉我的朋友我是这个社区的成员	
		IDE2	这个社区可以给我很大的价值感	
		IDE3	这个社区所体现的价值观对我很重要	
		IDE4	我感觉到在社区的"主人翁"感不仅仅是成为其中的一个成员	

表4-1(续)

潜变量	测量维度		测量题项	参考来源
	内化	INT1	我发现我的价值观和社区的价值观很相似	
		INT2	由于加入社区,我的个人价值观和组织的价值观变得很相似	
		INT3	如果与这个社区的价值观不同,我不会对这个社区有依附感	
		INT4	我选择这个社区不是其他原因,而是它的价值观	
成就感	成就感	FOA1	当我在社区中参与并完成一项创新活动时,我觉得自己很棒	Louro et al, 2005
		FOA2	当我能够为其他成员解答相关问题时,我感到很骄傲	
		FOA3	当我提出的意见受到企业的采纳时,我感到很有成就感	

4.4　研　究　结　果

4.4.1　样本数据基本情况

本研究通过网络调研及现场调研两种方式获取数据,数据的方差分析检验结果表明,网络调研和现场调研所得到的样本数据之间不存在显著性差异。在正式调研样本中,男性占43%(211人),女性占57%(280人),18~25岁的顾客占91.9%(451人),大学本科学历的顾客占81.1%(398人)。

4.4.2　自我构念的操控

为了检验对自我构念的操控是否成功,采用方差分析(analysis of variance,ANOVA)进行检验。首先,对两组变量进行正态检验,结果显示,p(高依存型)=0.091,p(低依存型)= 0.095,均大于0.05,服从正态分布。方差齐性检验结果表明,各组方差齐性p=0.124> 0.05,所以满足各组方差齐性的假设。方差分析结果表明,由于F=35.707,p=0.000< 0.01,说明情境激发材料对自我构念类型的启动有显著性的影响,具体见表4-2。选择高依存型自我构念选项(M=3.84,SD=0.55)比选择低依存型自我构念选项(M=3.49,SD= 0.67)的操控均值更高。其中p、M和SD分别表示统计显著性、算数平均值和标准差。结果表明,对自我构念的情境启动操控成功。

表4-2　自我构念操控的方差分析

	平分和	df	平均值	F	Sig.(显著性)
组间	14.086	1	14.086	35.707	0.000
组内	192.904	489	0.394		
总和	206.989	490			

4.4.3　变量的信度、效度检验

1. 信度检验

经检验,各变量的测量量表的 Cronbach's α 系数均大于 0.79,α 系数在 0.80 至 0.92 之间,概念复合可靠性系数(CR)在 0.81 至 0.91 之间,且测量变量的项目层面相关系数(CITC)都大于 0.35,说明这些变量具有较好的内部一致性,即各变量具有较好的信度。具体见表 4－3,潜变量中的 ID、PC、FOA、COM、IDE 及 INT 分别表示顾客参与创新、贡献感知、成就感、服从、认同及内化。

表4－3　各变量信效度分析结果

潜变量	题项	载荷	误差	CITC	删除题项 α 系数	标准化 α 系数	CR	AVE
ID	ID1	0.63	60	0.604	0.896	0.897	0.899	0.599
	ID2	0.81	34	0.787	0.868			
	ID3	0.70	50	0.669	0.887			
	ID4	0.86	25	0.805	0.866			
	ID5	0.84	29	0.768	0.872			
	ID6	0.78	39	0.707	0.881			
PC	PC1	77	41	0.710	0.866	0.875	0.876	0.702
	PC2	87	24	0.786	0.798			
	PC3	87	24	0.781	0.802			
FOA	FOA1	85	28	0.800	0.888	0.911	0.909	0.769
	FOA2	91	16	0.848	0.851			
	FOA3	87	24	0.816	0.875			
COM	COM1	0.80	0.36	0.661	0.719	0.800	0.812	0.528
	COM2	0.88	0.22	0.734	0.680			
	COM3	0.67	0.55	0.596	0.750			
	COM4	0.65	0.75	0.460	0.722			
IDE	IDE1	0.72	0.48	0.681	0.899	0.900	0.903	0.702
	IDE2	0.87	0.25	0.833	0.850			
	IDE3	0.90	0.20	0.823	0.853			
	IDE4	0.85	0.28	0.772	0.872			
INT	INT1	0.84	0.30	0.728	0.807	0.858	0.862	0.612
	INT2	0.86	0.27	0.732	0.804			
	INT3	0.69	0.59	0.619	0.853			
	INT4	0.77	0.41	0.730	0.804			

2. 效度检验

首先,本研究对顾客心理依附进行效度检验,采用验证性因子分析(CFA),各因子载荷均在 0.65 到 0.90 之间,且拟合度也较为理想($x^2/df = 327.87/122 = 2.69$,CFI $= 0.95$,RMSEA $= 0.077$),如图 4 – 2 所示,因此顾客心理依附的调查量表具有较好的结构效度;其次,同样采用 CFA 对其他变量进行分析,各因子载荷均在 0.65 到 0.90 之间,且拟合度也较为理想($x^2/df = 285.04/122 = 2.34$,CFI $= 0.98$,RMSEA $= 0.073$),如图 4 – 3 所示;最后,各变量的 AVE 值均大于 0.50,说明量表的收敛效度可以接受,同时,在区分效度检验中发现,各变量的 AVE 值平方根均大于其与其他变量的两两相关系数,这说明各变量具有较好的区分效度,具体见表 4 – 4。

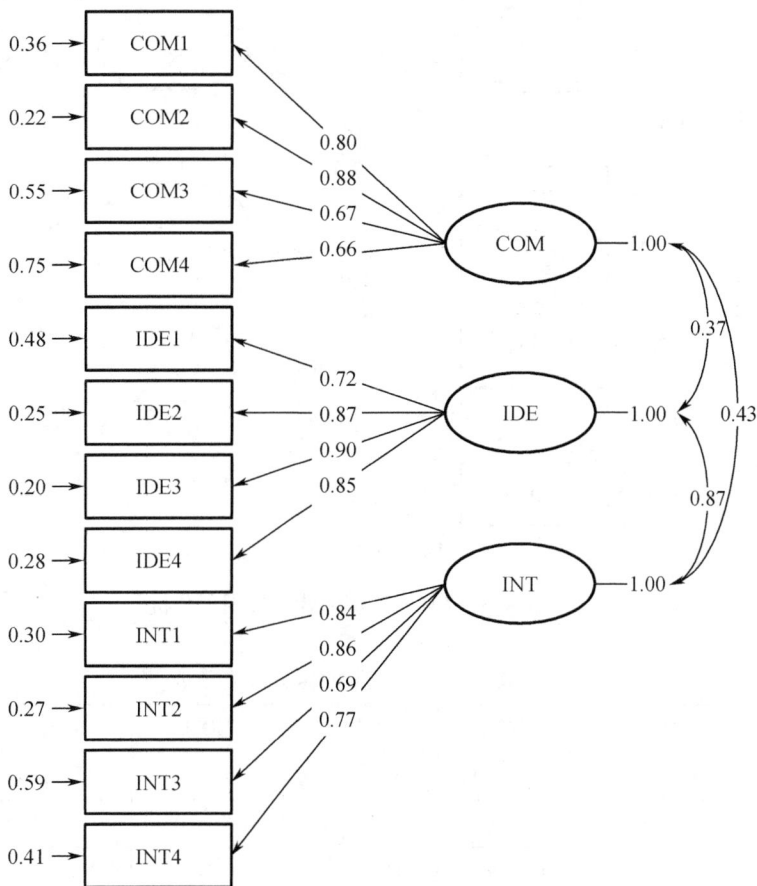

x^2=327.87, df=122, P-value(统计显著性)=0.000 00, RMSEA=0.077

图 4 – 2 顾客心理依附的验证性因子分析

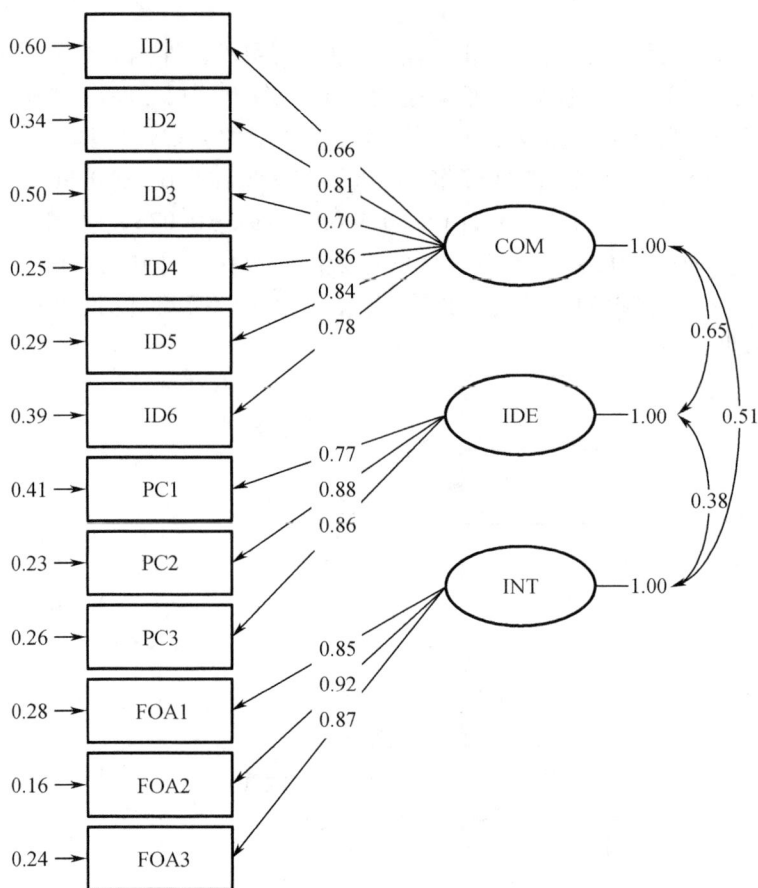

x^2=285.04, df=122, P-value=0.000 00, RMSEA=0.073

图 4-3　其他变量的验证性因子分析

表 4-4　各变量的区分效度分析

	ID	PC	FOA	COM	IDE	INT
ID	0.774					
PC	0.585	0.838				
FOA	0.466	0.339	0.877			
COM	0.280	0.391	0.269	0.727		
IDE	0.637	0.573	0.574	0.374	0.838	
INT	0.610	0.552	0.573	0.429	0.756	0.782

注:对角线上数据为各构念的 AVE 值的平方根,下三角数据为各构念之间的相关系数。

4.4.4　假设检验

1. 成就感的中介作用

为了检验成就感在顾客参与创新和顾客心理依附关系间的中介效应,我们以顾客心理依附(CPT)为因变量,分别构建如下的多元线性回归模型:

$$CPT = \beta_0 + \beta_1 ID + \beta_2 FOA \quad (M1)$$

$$CPT = \beta_0 + \beta_1 PC + \beta_2 FOA \quad (M2)$$

采用多层回归分析方法,以顾客样本特征(包括性别、年龄、教育程度等)为控制变量(M0),模型 M1 依次加入变量 ID、FOA;模型 M2 依次加入变量 PC、FOA,回归分析结果具体见表 4-5。

在模型 M1(1)中,加入 ID 之后,$\Delta R^2 = 0.384 (P < 0.01)$,表明参与程度对顾客心理依附有正向的影响,验证了假设 H4.1;在模型 M1(2)中,加入 FOA 之后,$\Delta R^2 = 0.487 (P < 0.01)$,ID 的系数显著变小,说明参与程度这一先验行为强化了成就感,而成就感进一步影响了顾客的顾客心理依附,验证了假设 H4.3。

在模型 M2(1)中,加入 PC 之后,$\Delta R^2 = 0.374 (P < 0.01)$,表明贡献感知对顾客心理依附有正向的影响,验证了假设 H4.2;在模型 M2(2)中,加入 FOA 之后,$\Delta R^2 = 0.525 (P < 0.01)$,PC 的系数显著变小,说明贡献感知这一先验行为强化了成就感,而成就感进一步影响了顾客的顾客心理依附,验证了假设 H4.4。

表 4-5　成就感在顾客参与创新和心理依附关系间的中介效应

变量	M0	M1(1)	M1(2)	M2(1)	M2(2)
(Constant)	3.042 * *	2.757 * *	2.836 * *	2.861 * *	2.904 * *
Gender	-0.034	0.012	0.006	-0.030	-0.24
Age	0.037	0.010	-0.015	0.064	0.21
EduD	-0.087	0.054	0.046	-0.025	-0.005
ID		0.396 * *	0.289 * *		
PC				0.387 * *	0.299 * *
FOA			0.494 * *		0.260 * *
R^2	0.004	0.389	0.492	0.379	0.530
ΔR^2		0.385 * *	0.103 * *	0.375 * *	0.151 * *

注:* * 在 0.01 水平(双侧)上显著相关。

2. 依存型自我构念的调节作用。

为了验证依存型自我构念在顾客参与创新和顾客心理依附关系间的调节效应,本书以顾客心理依附(CPA)为因变量,构建如下的多元线性回归模型:

$$CPA = \beta_0 + \beta_1 ID + \beta_2 SC + \beta_3 ID \cdot SC \quad (M3)$$

$$CPA = \beta_0 + \beta_1 PC + \beta_2 SC + \beta_3 PC \cdot SC \quad (M4)$$

以顾客样本特征(包括购买频率、年龄、教育程度、性别等)为控制变量(M0),模型 M1

依次加入变量 ID、SC 与 ID·SC,模型 M2 依次加入变量 PC、SC 与 PC·SC,回归分析结果具体见表4-6。

在模型 M3(2)中,加入 ID·SC 之后,$\Delta R^2 = 0.013(P<0.01)$,表明依存型自我构念对参与程度和顾客心理依附间的关系起调节作用,H4.5 得到支持。

在模型 M4(2)中,加入 PC·SC 之后,$\Delta R^2 = 0.014(P<0.01)$,表明依存型自我构念对贡献感知和顾客心理依附间的关系起调节作用,H4.6 得到支持。

表4-6 依存型自我构念的调节作用分析

变量	M0	M3(1)	M3(2)	M4(1)	M4(2)
(Constant)	3.042**	2.746**	2.683**	2.836**	2.808
Gender	-0.034	0.016	0.021	-0.022	-0.026
Age	0.037	0.012	0.025	0.065	0.070
EduD	-0.087	0.054	0.061	-0.019	-0.013
ID		0.379**	0.364**		
PC				0.371**	0.348**
SC		0.071**	0.070**	0.101**	0.102**
ID×SC			0.062**		
PC×SC					0.066**
R^2	0.004	0.401	0.414	0.404	0.418
ΔR^2		0.397**	0.013**	0.400**	0.014**

注:**. 在0.01水平(双侧)上显著相关。

4.5 研究结论

以往对心理依附的研究主要应用于组织行为学领域,但却很少有学者将其应用于顾客创新领域,本研究在创新社区情境下阐述社区心理依附的内涵,顾客对创新社区的依附感是一个过程,是通过服从、认同到内化逐步形成的。企业在创新社区的管理上,应循序渐进地提高顾客的社区依附感,当顾客将社区的目标、价值观逐渐转变为个体认知的一部分并为之努力时,社区凝聚力也得以形成和维系,这也正是顾客在创新社区上持续做出有价值贡献的关键所在。以下内容为研究的主要结论。

首先,顾客参与创新对顾客心理依附有积极的影响。具体来说,创新顾客的参与程度越高,越能激发顾客对社区的心理依附;同样,创新顾客的贡献感知越高,顾客对社区的心理依附也越高。Nicole et al(2013)指出,当个体的社会认同显著时,它不仅可以激活与认同相一致的态度和行为(Reed,2004),而且可以激活某种情绪,作为与认同相一致的思维方式的一部分。情感调节研究(Cohen,2004;Tamir,2009)认为,在追求特定的认同目标时,会产生情感曲线:如果一个人多次经历一个与其特定认同相关的情绪时,他可能会获得情绪和认同之间的这种联系。这种行为情感的联系正好可以合理地解释创新顾客的这种心理变化,当顾客参与创新后,他们对所在社区的认同感会显著提升,这种提升可以进一步激发他们与社区的情感联结,并使其获得情感和认同之间的联系。

其次,顾客参与创新和心理依附的关系受到成就感的中介作用。禀赋效应理论指出,创建一种对象的人会把它解释为"他们的"而不是仅仅只是买它的个体,反过来,主观上的所有权会提高产品的主观价值,是否拥有该对象(Thaler,1980;Kahneman et al,1991)、个人觉得一个对象是"他们的"状态、心理所有权的感觉越强烈,对象价值的评价就会越高(Pierce et al,2003)。创新顾客与普通顾客很大的不同就在于,通过参与创新活动,能够加深和提高对于创新产品的心理所有权感。Belk(1988)指出,"我们在一个对象中投资'心理能量',包括我们的努力、时间和关注。这种能量和它的产品被认为是自我的一部分",而成就感恰恰就是嵌入对象内化过程中,这种骄傲的成就感可以进一步解析顾客的心理变化。因此,当顾客参与创新后,会提升其成就感,这种成就感和创新社区、创新活动密切相关,能够进一步提高顾客对社区的心理依附。

最后,依存型自我构念对顾客参与创新和顾客心理依附间的关系起调节作用。拥有相同参与创新经历的顾客,会因自我构念的个体特征不同而产生不同的心理依附。自我构念是联系自身与别人关系的个体意识,具有依存型自我构念的个体主要会把自己看作团队中的一分子,他们会去评估团队的连通性与和谐性,在特定的社交环境下会倾向于寻求实现社会凝聚力的目标(Ybarra et al,1998)。现有文献表明,依存型的自我构念对个体的合作和支持行为有着积极影响(Holland et al,2004),这些个体在心理上和情感上都更倾向于与他人之间的关系(Gardner et al,2002)。实证结果也证明了,依存型自我构念越强,顾客参与创新对心理依附的正向影响作用也更加强烈。

第5章　心理变化视角下顾客心理依附
对口碑推荐的影响研究

　　本章主要对心理变化视角下顾客心理依附对口碑推荐的影响研究论题进行理论探讨与实证检验,在社会认同理论和社会交换理论基础上,探索顾客心理依附对口碑推荐的影响。本章通过两个实验来检验提出的假设。实验一使用某手机社区平台案例,验证本章的第一条主效应,即社区心理依附对口碑推荐的积极效应,社区氛围和顾客心理依附如何对于口碑推荐产生交互效应,同时,本章还探讨在这一过程中社区认同的中介效应;实验二使用华为品牌社区的平台案例,验证本章的第二条主效应,即品牌心理依附对口碑推荐的积极效应,关系强度和顾客心理依附如何对于口碑推荐产生交互效应,同时继续验证在这一过程中社区认同的中介效应。

5.1　研究概念模型

　　顾客进行口碑推荐的动机主要基于以下三类:第一类为正面的消费体验,在经历了一种正面体验后,顾客主动向后续消费者推荐这种好的服务,主要出于两种原因:通过推荐该服务来帮助其他消费者,或是通过推荐该服务来支持企业(Hennig et al,2004;Munzel et al,2014)。第二类为社会联结,顾客会由于与其他消费者的纽带联结而参与口碑推荐(Okazaki,2009;Toubia et al,2013)。第三类为个人利益,企业会通过提供经济激励刺激消费者参与到口碑推荐中(Okazaki,2009)。尽管相关研究指出了口碑推荐的影响动机,但仍存在局限性:其一,学者更多偏重从体验、利他主义、个人利益等方面寻找口碑推荐的驱动因素,较少从顾客的情感视角进行分析,尽管也有研究指出,正面的情感表达可作为口碑推荐的另一种动机,顾客能够通过参与口碑传播而体验到一种特殊的慰藉(Sundaram et al,1998),以及体验这项行为本身的乐趣与愉悦感(Toubia et al,2013)。然而,更多还是将外部关系与顾客情感割裂开来研究,没有关注外部关系与顾客情感依附的交互作用。事实上,情感性联系是社会交换理论中的重要内容,这是企业与顾客在社会交换时的重要产出(Farmer et al,2010)。其二,口碑推荐的情境已发生了巨大的变革,传统的线下传播只是其中的一小部分,大量的口碑推荐发生在线上。其中,品牌社区显著拓展了顾客品牌互动的方法和深度,互联网技术的发展使得顾客能够在社交媒体中参与品牌开发及人际交流(Christodoulides,2009;Li et al,2011)。品牌社区逐步成为企业营销的重点,而口碑推荐正是发生在品牌社区逐步盛行的背景下。

　　本章在定性研究的基础上,构建顾客心理依附对口碑推荐的影响研究概念模型,如图5-1所示。

　　首先,概念模型以口碑推荐为因变量。由于网络口碑的内容一般都是围绕产品或服务消费行为及其顾客观点的影响因素(董大海,2012),包括关于产品和企业的相关信息、顾客经历、使用经验和个人的想法、意见等(Thorsten et al,2004;Kjerstin et al,2006)。网络环境下,品牌社区规模越大,成员越多,成员间进行口碑分享和传播就越频繁,从而对品牌及产品传播的意义就越大(沙振权 等,2016)。可以看出,顾客进行口碑沟通的内容有很多,但企业最关注的还是那些能够对市场营销产生影响且具有重要意义的口碑推荐内容。品牌和社区已经成为重要的情感联结,它对口碑推荐的影响更为直接,也为更多的学者所关注,因此本书重点关注社区口碑推荐和品牌口碑推荐。

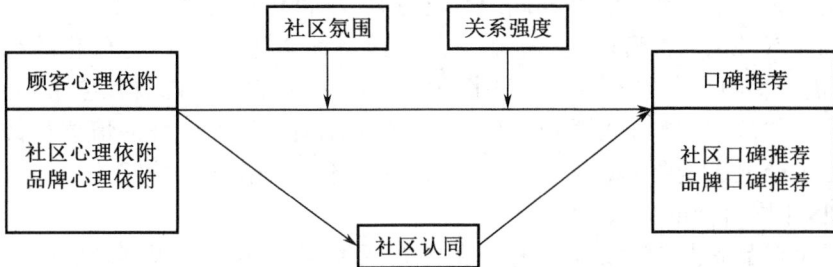

图5-1　顾客心理依附对口碑推荐的影响研究概念模型

其次,顾客心理依附、社区认同成为口碑推荐的重要影响因素。一方面,社会交换理论的公平、互惠原则指出,当他人积极对待个体时,个体也往往倾向于积极对待他人。本书认为,当品牌社区给予顾客好的对待,使顾客感知到自己和品牌、社区的心理情感联结,从而促使顾客做出积极回应,即产生口碑推荐。另一方面,社会认同理论的群体认同指出,个体对于自身从属于某个社会群体的感知和认知,会影响其对所在群体的认同,并且作为群体成员资格对个体具有很大的价值和情感意义(Tajfel,1982)。本书认为,顾客对于品牌、社区的情感会强化顾客的社区认同感,这种认同感又会进一步鼓励顾客从事有益于社区、品牌的行为。

最后,在网络环境下品牌社区也和传统组织类似,关系管理对顾客行为会产生影响作用。有研究指出管理员支持感、组织支持感等,均能促进顾客的品牌认同感和对社区成员的认同,并且这种认同感会进一步促进顾客产生积极行为(孟韬,2017),也有研究从关系管理视角下提出社会化商务特性、关系质量和社会支持是顾客购买意愿的驱动力(林家宝 等,2017;胡倩 等,2017)。本书认为,在顾客心理依附影响口碑推荐的主效用过程中,关系管理会产生影响,包括顾客与顾客之间的关系、顾客与社区之间的关系。因此,从关系性视角出发,本书认为,口碑推荐还会受到顾客所在社区氛围、推荐者与被推荐者之间的关系强度与顾客心理依附的交互调节产生影响作用。下面是具体的研究假设。

5.2　研究假设

5.2.1　顾客心理依附的维度

心理依附是一种联结个体和组织情感的心理纽带,它广泛应用于组织行为学、心理健康等领域,这种心理纽带表现为个体对其组织的承诺感与主动参与,它更加强调个体融入群体的过程,通过服从、认同到内化逐步形成个体的依附感(Reilly,1986;张德鹏 等,2016)。楼天阳 等(2011)指出,虚拟环境下社区通过身份作用对成员产生影响,并利用多个城市的大样本调查数据,验证了社区成员通过纽带人际依恋和身份群组依恋共同构成与社区之间心理联结系统。

有研究指出，心理依附包括很多维度，它可能指向具体组织，也可能指向组织中的关键个体（Reade，2001；颜静 等，2014）。Becker et al（2003）指出，由于个体对不同对象的心理依附存在差别，从而影响了心理依附对其行为的影响，颜静 等（2016）结合中国情境，将员工心理依附区分为组织心理依附和主管心理依附两个维度。然而对于网络空间形成的品牌社区来说，在区分维度上可能会有所不同，它主要指向品牌和社区两个不同对象。

第一，顾客对社区的心理依附。品牌社区是指一种非地理意义、专门化的社区，它是基于某一品牌消费者间社会关系而建立起来的（Muniz et al，2001），随着社会市场经济的不断发展，顾客不仅关注产品本身的功能价值，而且更关注消费能够带来的情感意义和象征，因此，品牌社区就凸显出重要的意义，它不再只是局限于消费者和品牌间关系的单一维度，而是强调在社区中顾客间的关系。

第二，顾客对品牌的心理依附。有研究指出，品牌社区有利于提高顾客的创新行为，有利于企业的产品研发和修正，是企业获得产品创意的来源地（Fuller et al，2008；赵建彬 等，2016）。潘海丽 等（2017）指出，顾客与品牌具有满意、依恋和认同等多元情感关系，并通过对某体验型产品的顾客研究发现，品牌依恋与顾客持续购买行为有显著性关系，消费者的品牌依恋是满意感与消费者持续购买行为的有益补充，当满意度低时，品牌依恋会对持续购买行为起补充强化作用。

可以说，对于顾客在品牌社区从事体验活动而言，顾客一方面基于对品牌的认知、喜好等而对品牌产生情感心理联结，也就是说，这种情感纽带是建立在个体与品牌的相互联结上；另一方面基于所在社区的体验、互动等而对社区产生情感心理联结。因此，本书认为，品牌和社区已经成为重要的情感联结核心要素，有必要对其进行分开研究，也就是说顾客存在两种心理依附维度，一个是基于身份的社区心理依附，另一个是基于对象的品牌心理依附。

基于身份地对社区的心理依附（简称社区心理依附），是指社区成员突出身份意义，将自我归为某个特定社会群体，在群体中以群体身份进行互动与交流，从而形成顾客与社区的情感纽带联结。基于对象地对品牌的心理依附（简称品牌心理依附），是指个体出于对企业品牌、产品或服务的认知、偏好等，为了反馈品牌信息、表达消费偏好以及帮助企业进行产品创新。

5.2.2 顾客心理依附的影响效应

1. 社区心理依附的影响效应

社会交换理论指出，当个体的社会情绪需要得到满足以后，会产生义务回报他人的感觉，从而做出利他的行为（Blau，1964）。王亚东 等（2014）在网购情境下的研究指出，顾客感知的补救质量和补救满意度对顾客的正面网络口碑传播都有积极的影响作用，也就是说，积极的情绪感知会促进顾客的主动贡献行为。因此，要使顾客在社区中产生主动贡献行为，首先要让顾客与社区产生某种情感联结。有研究表明，顾客融入社区依赖于成员对其所在社区的心理依附（Lynne et al，2006）。

一方面，顾客在参与品牌社区中，由于社区中他人对自身的帮助，如反馈、回帖等，使得顾客产生对社区的心理依附情感，从而产生维系和保持这种心理依恋的行为动力（Thau et al，2007），这种动力会促使顾客做出有利于社区及其社区中其他成员的行为，即更为有效和积极地参与社区活动,包括将品牌社区推荐给有需要的其他个体。

另一方面,当品牌社区是由企业建立或是维护时,顾客与社区的心理联结同样会促使顾客做出有利于品牌的行为。有研究指出,在线社区能够促进顾客的品牌忠诚(Mcalexander et al,2002)。顾客产生对所在社区的心理依附,会提高顾客愿意与组织(或品牌)保持密切联系的程度和倾向,正因为顾客在品牌社区中产生的"主人翁"感,促使顾客觉得有义务为品牌进行推荐,甚至成为品牌所在企业的"兼职员工"。因此,本书提出以下假设:

H5.1　社区心理依附正向影响口碑推荐行为

H5.1a　社区心理依附正向影响社区口碑推荐;

H5.1b　社区心理依附正向影响品牌口碑推荐。

2. 品牌心理依附的影响效应

顾客对品牌的情感一直是影响顾客行为的重要因素。曹忠鹏 等(2009)的研究表明,顾客满意、顾客信任对于顾客口碑推荐具有促进作用;同时 Brodie et al(2013)验证了顾客满意对顾客契合行为(口碑推荐是重要的衡量维度)的正向影响;谢毅 等(2014)的研究证明了顾客的口碑传播受到信任和品牌情感的共同影响。在品牌社区中,顾客愿意与其他社区成员分享并推荐产品,往往由于顾客和品牌产生了心理联结,这种心理联结可能来自愉快的购买体验,也可能是由于自身对品牌的偏好和信任,也就是说,顾客对品牌的心理依附会促使顾客向其他顾客进行口碑推荐。同时,顾客与品牌的心理联结,会使顾客产生"爱屋及乌"的心理感受,对关于品牌的一切事物产生好感,包括品牌所在的企业、建立的社区等,关注社区动态、参与社区活动都会成为顾客的日常行为,并促使顾客将其社区推荐给他人。因此,本书提出以下假设:

H5.2　品牌心理依附正向影响口碑推荐行为

H5.2a　品牌心理依附正向影响品牌口碑推荐;

H5.2b　品牌心理依附正向影响社区口碑推荐。

3. 顾客心理依附的主效应和溢出效应

有学者提出目标一致性模型,该模型指出心理变量会倾向于寻找与其一致的目标,当心理和行为目标一致时,产生的影响被称为主效应,当心理和行为目标不一致时,产生的影响被称为溢出效应,而主效应同时会强于溢出效应,这种现象被称为目标一致性效应(Lavelle et al,2007,2009)。本书认为,在目标一致性模型下,顾客心理依附对口碑推荐的影响作用也有主效应和溢出效应之分。因此,本书提出以下假设:

H5.3　顾客心理依附对口碑推荐行为的影响存在主效应和溢出效应之分

H5.3a　在相同情境下,社区心理依附比品牌心理依附对社区口碑推荐行为的影响更强烈;

H5.3b　在相同情境下,品牌心理依附比社区心理依附对品牌口碑推荐行为的影响更强烈。

5.2.3　社区氛围和关系强度的调节作用

1. 社区氛围的调节作用

社区氛围的研究来源于企业氛围,早期研究指出这是个体对环境描述性的心理感知,而近期研究却认为企业氛围具有强烈的评价或情感成分(Fu et al,2014)。然而,由于品牌社区中多数采用匿名方式交流，成员之间紧密程度低，因此它与企业氛围还是有一定的区别，社区氛围对顾客与其他顾客保持联系的意愿有积极联系。有研究表明，在线品牌社群氛围对顾客行为有显著的积极影响（赵建彬 等，2016），在线社会支持（包括信息支持和情感支持）通过创新自我效能的中介作用间接影响顾客创新行为（陈斯允 等，2017）。根据品牌社区的特点，本研究将社区氛围定义为社区管理者通过社区管理营造的氛围，如采取的管理规则，包括要求成员相互贡献知识，并创造互帮互助的环境等。

社区氛围是指社区管理者通过社区管理营造的氛围，它是社区本身、成员之间以及共同遵守的措施、制度和流程的感知。社区管理者在管理社区过程中，通过制定相应的措施策略，来提高社区的创造力及凝聚力。创新性行为会受到社区氛围的影响，当个体感受到的组织支持感增强时，就会有更强的主动性，且社区成员身份对顾客具有特殊的意义，比起非成员身份，拥有成员身份的用户创造力更强（王端旭 等，2011；Vessey et al，2014）。因此，本书认为，社区支持氛围是顾客心理依附对口碑推荐的边界条件。

当社区支持氛围高时，即社区成员之间能够相互支持和协助，鼓励沟通、开放式创新、发挥创意等，让每个成员得到公平对待，这时顾客对社区、品牌的心理依附会发挥出更大的作用，顾客会更加乐意参与社区活动，从社区获取更多的信息和资源，建立起与社区之间的情感联系，从而推动其产生与内在态度相一致的行为，并做出更多的口碑推荐。相反，当社区支持氛围低时，即社区成员之间较少互动，社区管理严格，社区成员发表内容会受到严格审核等，这时无论是低顾客心理依附还是高顾客心理依附，都不能产生较高的口碑推荐意愿。因此，本书提出以下假设：

H5.4 顾客心理依附和口碑推荐的关系受到社区支持氛围的调节作用，即与低社区支持氛围相比，在高社区支持氛围中顾客心理依附对口碑推荐的影响程度会更高。

2. 关系强度的调节作用

关系强度代表了"社交网络背景下二元人际关系的力量"（Money et al，1998），包括亲近、亲密、支持和联盟（Frenzen et al，1990）。关系强度从强到弱的范围，取决于顾客之间交换信息的数量、交流的频率和分享资源的类型。社交网络使用户和他们的朋友在社交网络上联系的强烈程度不同，这通常被称为关系强度（Granovetter，1973），且特定社交网络中的信息流通常较少依赖于关系数量（即朋友的数量），而是依赖于这些关系的强度（Frenzen et al，1993），例如，拥有少数强关系的人比拥有多数弱关系的人传达的信息更加有效（Granovetter，1973）。关系强度体现了一个人或多或少地参与到一个特定的社会关系中，感觉和某个人亲近，珍惜那种关系的程度。强关系指的是在情感上联系十分紧密、互动频繁、关系是亲密特殊的、多重的社会关系；弱关系指的是在情感上联系不是很紧密、接触也不是很频繁、较单一的社会关系（Ryu et al，2007）。因此，强关系比弱关系有更亲密的社会关系，这两种不同情境下的信息传播、沟通方式、影响效果等都会有很大的不同。

关系营销一直深受企业界和理论界的重视，很多学者的研究表明，顾客关系成了影响企业营销绩效的关键要素（Palmatier，2013）。以往，关系性视角更多是探讨企业和顾客之间的关系（张欣 等，2012），然而，品牌社区中的口碑推荐还涉及非常重要的一组关系管理，即推荐者和被推荐者之间的关系。关系强度作为社区平台中成员之间非常关键的联结纽带，是关系性视角如何影响推荐的重要属性。

强关系的一个重要特征是，相比弱关系他们对网络平台中的朋友产生更大的影响力（Brown et al，1987）。在品牌社区中，顾客更加注意维系和关注有强关系的人，并往往更关注自身形象(Sudman et al,1994)。由于他们更加关注强关系人的意见,因此,在社区互动中,他们更加在乎向强关系的人展现积极的一面。

互联网的力量使本来是孤立的和不可能产生关系的个体得以连接的来源,即弱关系进行连接。网络口碑主要可以扩展社会关系和社区参与,这些提升了网络口碑的发生率。在传统的口碑中,发送者和接收者之间的连接必须存在某些意义,但在网络口碑中,这种连接可以是弱关系的,但却有重要影响。例如,Sohn et al(2009)通过实验分析,网络强度和消息的效价如何影响消费者的网络口碑传播倾向。他们发现,消费者更倾向于把信息传递给比与弱关系更紧密的强关系,但这种作用受到信息的感知价值或质量(即传播者对该信息对其他群体的价值程度的知觉)的调节。消费者也更倾向于向弱关系传播负面的信息,而对强关系则同时分享正面和负面消息。Chu et al(2011)也发现,关系强度与整体网络口碑行为有积极联系。

本书认为,关系强度是顾客心理依附对口碑推荐的另一个边界条件。当被推荐者和推荐者之间的关系强度较低时,尽管两者并不具有特别亲密的关系,这时顾客和社区、品牌之间具有的情感联结会促使顾客做出口碑推荐,这种情感更是建立在对社区归属与认同的情感之上的,因此,在这种情境下,高心理依附的顾客会比低心理依附的顾客展现出更高的口碑推荐意愿。然而,当被推荐者和推荐者之间的关系强度较高时,即两者在品牌社区中互动频繁,且关系是亲密和特殊的。有研究表明,个体会更倾向于将产品推荐给和自己关系亲密的人(Frenzen et al,1993),即使当顾客对社区的心理依附低时,推荐者与被推荐者之间的关系强度也能起到补偿作用,促使推荐者向他人推荐进行口碑推荐。因此无论是低顾客心理依附还是高顾客心理依附,都会有较高的口碑推荐。因此,本书提出以下假设:

H5.5　顾客心理依附和口碑推荐的关系受到关系强度的调节作用,即与关系强度高相比,关系强度低的时候,顾客心理依附对口碑推荐的影响程度会更高。

5.2.4　社区认同的中介作用

有研究表明,心理依附不能直接预测公民行为(Burris,2008)。那么,顾客心理依附和口碑推荐行为之间是否存在一个重要变量用来解释这种影响机理呢?本书引入社区认同来解释其中的关系。社会认同理论指出,社会认同是一种自我概念,这个自我概念源于社会类别、角色以及个人对自己属于哪一群体的感知(Tajfel,1978)。社区认同这个概念隶属于社会心理学的范畴,指的是个体在长期社会互动过程中,对自我身份、群体价值、个人与群体间关系的思考而形成的群体归属感。本书中的社区认同则是在虚拟网络空间中形成的特殊社区认同,是社区成员对所属群体的归属感,及其对社区共享价值观的认同。

当顾客把品牌、社区作为自我特征的一部分时,自我与其所在社区的统一性感知,会促使顾客产生情感联结,帮助顾客进行自我认知。这种认知活动包括对所在品牌社区的认同,顾客会将这种心理依附的情感转化为对社区的认可与归属,认为社区成员资格对自身具有某种价值。一旦社区成员在互动中得到社区中其他成员的预期响应和角色支持,即喻示顾客对社区成员身份的自我观念和其他成员的评价取得一致,顾客就会确立对该角色的信念,并形成对所在社区的认同(Nambisan et al,2010;马双 等,2015)。

社会认同理论指出,个体会对认同相一致的刺激有更积极的评价,会产生动力做出与社会认同相一致的行为,而避免做出与社会认同不一致的行为(Coleman et al,2013)。以社区感为核心的虚拟社区认同能显著改变个体对社会规范的认知、态度和行为。社区认同感越强，个体对所属群体及其群体间关系的认知程度越高，越容易产生正面态度并按规范约定的行为（Mcmillan et al,1986）。因为当顾客认可自身作为品牌社区的成员资格时，顾客会努力保持与社区相一致的行为，包括遵守社区规则、积极参与社区活动、向社区其他成员分享知识等，这些行为会让顾客感受到自身价值得到最大化的体现。当顾客积极向他人推荐该社区或品牌时，更是这种认同感的体现。

由以上推论可知，心理依附对社区认同有正向影响作用，社区认同对顾客口碑推荐也起到正向影响作用。因此，社区认同在心理依附和口碑推荐之间起到一定的影响作用。个体会依赖自己的社会认同，提供自我归类和行为指导，并按照认同标准规范态度、价值观和行为进行自我验证（Oyserman,2009）。这种认同感构成了成员身份建立和情感联结的基础，并促使其做出向他人推荐社区或品牌的行为。因此，本书提出以下假设：

H5.6 社区认同在顾客心理依附和口碑推荐间起中介作用。

5.3 实 验 一

为了检验社区心理依附对口碑推荐的影响作用，本书开展实验一，使用某社区平台案例，验证本研究的第一条主效应，即社区心理依附对口碑推荐的积极效应，以及社区氛围在这个过程中的调节作用。

5.3.1 预实验和被试招募

预实验采用李克特五级量表，测量被试对各种产品或服务的感兴趣程度，以及推荐该产品或服务的意愿，预实验在某大学的实验室进行，邀请20名在校硕士研究生参与，具体结果见表5-1，显示"智能手机"的感兴趣和推荐意愿得分最高。

表5-1 各种产品或服务的感兴趣程度和推荐意愿

	化妆品	智能手机	电脑	餐饮服务	数码相机
感兴趣程度均值	2.050	4.000	2.600	1.900	2.250
标准差	0.945	0.918	1.188	0.641	1.020
推荐意愿均值	2.500	3.900	2.700	2.550	2.150
标准差	1.277	0.968	1.129	1.234	0.745

选择"智能手机"品牌社区案例作为研究平台，其合理之处：一是智能手机已经成为现代人不可或缺的产品，不管是工作或是生活，人们对智能手机的依赖程度都很高；二是智能手机品牌会更多通过网络社区来维系与顾客之间的关系，在社区中涉及频繁的人际互动以及顾客间的信息传播，这为本书研究顾客推荐行为的主题提供了丰富的研究背景。因此，最后选取"智能手机"社区平台作为正式实验的社区对象。

本实验招募在校本科生、研究生参加正式实验，通过微信转发招募信息，建立被试群聊，告知课题组将在管理学院实验室进行一个简单有趣的品牌社区调查。调查持续时间约30分钟左右，参加本次实验的同学可获得30元现金报酬。在群聊中课题组以问卷星形式发放"手机品牌社区调查问卷"，通过简单问题测量学生们对手机品牌社区熟悉程度，要求其对顾客心理依附进行打分(量表题项见表 5 - 2),最后,筛选出 80 位符合实验条件的学生作为被试。

表 5 - 2　顾客心理依附量表

潜变量		测量题项	参考来源
社区心理依附(CPA)	CPA1	我告诉我的朋友,我是这个社区的成员	Charles,1986; Gruen et al,2000; Bansal et al,2004
	CPA2	这个社区可以给我很大的价值感	
	CPA3	这个社区所体现的价值观对我很重要	
	CPA4	我感觉到在社区的"主人翁"感,而不仅仅是一个成员	
	CPA5	我发现我的价值观和社区的价值观很相似	
品牌心理依附(BPA)	BPA1	我喜欢这个品牌	Charles,1986; Gruen et al,2000; Bansal et al,2004
	BPA2	这个品牌企业值得我忠诚	
	BPA3	我对这个品牌有一种依恋感	
	BPA4	我关注媒体对这个品牌的评价	
	BPA5	即使另外的品牌商提供更多的优惠,我也不一定离开这个品牌商	

5.3.2　实验过程

首先,根据实验招募中,将被试顾客心理依附得分进行排序,取中位数以上的被试为高顾客心理依附组,中位数以下的被试为低顾客心理依附组。分好的两组被试随机安排进两边的座位,前 4 排 20 位被试得到高社区氛围情景,后 4 排 20 位被试得到低社区氛围情景。同样的,低社区心理依附组也进行同样的设置。一共分为 4 个组别,每组有 20 名被试。在不告知被试分组的情况下,告知其按照编号的位置就座。具体实验室分组形式如图 5 - 2 所示。

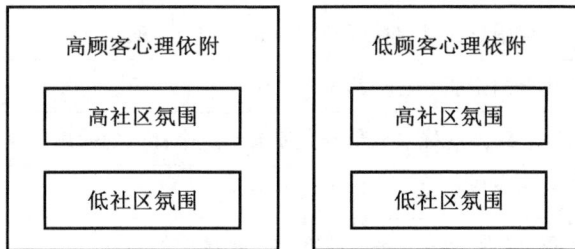

图 5 - 2　实验一的实验室分组形式

其次,主持人宣读实验须知,正式进入实验。要求被试打开浏览器,登录最常使用的手机品牌社区,使用屏幕截图留下页面截图,并保存在桌面,命名为"姓名 + 品牌名";同时,根据不同的分组,发给被试不同的情境单,关于高社区氛围、低社区氛围的情境单描述如下,具体见表 5 - 3。

表5-3 实验一的情景描述

高社区氛围	低社区氛围
假设您所处的品牌社区中,社区成员之间能够相互支持和协助,社区鼓励成员有新奇的观点,能够宽容一些不切实际的想法或意见,让每个成员得到公平对待	假设您所处的品牌社区中,社区成员之间较少互动,内容更新缓慢,社区管理严厉,较少鼓励创新性想法,社区成员发表内容会受到严格审核,有的甚至被屏蔽

最后,主持人控制全部电脑屏幕,进入选择题界面,提醒被试根据屏幕显示题目作答,在答题纸相应位置作答。问题包括对社区氛围的操控检验,以及社区认同、口碑推荐的打分,实验所需正式量表见表5-4,所有量表均为李克特七级量表。被试答完题后,按照指引领取实验报酬,每个被试获得30元的现金作为报酬。

表5-4 实验一量表测量题项

潜变量		测量题项	参考来源
社区氛围	1	该品牌社区让人舒适自由,令人满意	赵建彬 等,2016;Moghaddam,2015
	2	该品牌社区成员之间能够相互支持和协助	
	3	该品牌社区鼓励成员多发创新性的帖子	
	4	该品牌社区能够让每个成员得到公平对待	
社区认同(CI)	CI1	每次登录社区时,我都有一种亲切感	Mcmillan et al,1986
	CI2	我会仔细斟酌用户名和头像,尽量使自己令人印象深刻	
	CI3	我的许多评论和回帖都会得到其他成员的关注	
	CI4	我在这个社区中具有较大影响力	
	CI5	该社区能让我及时掌握我要了解的品牌信息	
	CI6	该社区是我非常重要的信息渠道	
	CI7	我很乐意通过该社区和其他成员进行沟通	
社区口碑推荐(R-C)	R-C1	我会向亲朋好友推荐这个社区	Lam et al,2009
	R-C2	我会跟亲朋好友分享或交流关于这个社区的信息	
	R-C3	我会建议亲朋好友加入这个社区	
	R-C4	我会向亲朋好友展示我在这个社区中的贡献	
	R-C5	我会鼓励亲朋好友在这个社区中分享信息	

表 5 – 4（续）

潜变量		测量题项	参考来源
品牌口碑推荐 （R – B）	R – B1	我会向亲朋好友推荐这个品牌	Lam et al,2009
	R – B2	我会跟亲朋好友分享或交流关于这个品牌的信息	
	R – B3	我会建议亲朋好友购买这个品牌	
	R – B4	我会向亲朋好友展示这个品牌的产品	
	R – B5	我会鼓励亲朋好友试用这个品牌	

5.3.3　数据结果

1. 信度检验

实验结束后共收集到 80 份有效答卷。信度分析显示,社区心理依附（Cronbach's α = 0.903）、品牌心理依附（Cronbach's α = 0.816）、社区氛围（Cronbach's α = 0.864）、社区认同（Cronbach's α = 0.937）、社区口碑推荐（Cronbach's α = 0.935）和品牌口碑推荐品牌（Cronbach's α = 0.938）的测量均达到了可以接受的水平。

2. 操控检验

独立 t 检验的结果显示,高顾客心理依附组的得分均值为 5.743,低顾客心理依附组的得分为均值 3.693,两者的差异显著（$t = -11.239,p < 0.001$）;高社区氛围组得分均值为 5.037,显著高于低社区氛围组得分均值 4.314（$t = -2.275,p < 0.05$）;不同性别、年龄的被试在上述两个变量上的得分不存在显著差异（$p > 0.05$）,可见,实验对上述变量的操纵是成功的。

3. 主效应检验

首先,分别检验社区心理依附对社区口碑推荐和品牌口碑推荐的影响。采用取中位数方法,将被试按照社区心理依附得分进行排序,取中位数以上的被试为高社区心理依附组,取中位数以下的被试为低社区心理依附组（$M_{高社区心理依附}$ = 5.630,$M_{低社区心理依附}$ = 2.875,$t = -14.698,p < 0.001$）。如表 5 – 5 所示,方差分析结果显示,社区心理依附对社区口碑推荐具有显著的主效应,高社区心理依附组对社区口碑推荐的均值为 5.250,低社区心理依附对社区口碑推荐的均值为 3.810,被试的社区口碑推荐在高、低社区心理依附之间差异显著 [$F(1,78) = 21.884,p < 0.001$],表明高社区心理依附组相对低社区心理依附组有更高的社区口碑推荐。假设 H5.1a 得到验证。

表 5 – 5　实验一的口碑推荐意愿均值和标准差

	社区心理依附	
	高社区心理依附	低社区心理依附
社区口碑推荐	5.250(1.445)	3.810(1.305)
品牌口碑推荐	5.840(1.253)	4.720(1.501)

同理,社区心理依附对品牌口碑推荐也具有显著的主效应,高社区心理依附组对品牌口碑推荐的均值为 5.840,低社区心理依附对品牌口碑推荐的均值为 4.720,且差异显著 $[F(1,78)=13.123,p<0.001]$,表明高社区心理依附组相对低社区心理依附组有更高的品牌口碑推荐。假设 H5.1b 得到验证。

接着通过方差分析比较社区心理依附与品牌心理依附对社区口碑推荐的影响效应,结果显示,社区心理依附 $[F(1,78)=11.980,p<0.01]$ 和品牌心理依附 $[F(1,78)=8.860,p<0.01]$ 对口碑推荐的主效应均显著,交互效应显著 $[F(1,76)=6.960,p<0.01]$。进一步分析,如图 5-3 所示,当因变量为社区口碑推荐,均值比较发现,社区心理依附高低变化引起的社区口碑推荐意愿变化分别为 0.254(4.033-3.779)和 1.888(5.771-3.883),而品牌心理依附高低变化引起的社区口碑推荐意愿变化分别为 0.104(3.883-3.779)和 1.738 (5.771-4.033),可见社区心理依附比品牌心理依附对被试的社区口碑推荐更具影响力。假设 H5.3a 得到验证。

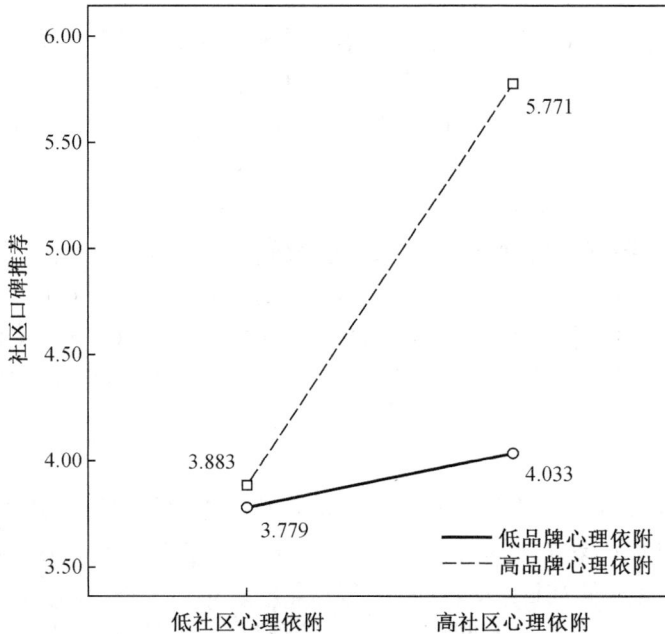

图 5-3　实验一顾客心理依附对社区口碑推荐的影响效应

如图 5-4 所示,当因变量为品牌口碑推荐,社区心理依附 $[F(1,108)=4.034,p<0.05]$ 和品牌心理依附 $[F(1,108)=15.952,p<0.001]$ 对品牌口碑推荐的主效应显著,交互效应不显著 $[F(1,106)=0.064,p>0.05]$。均值比较发现,社区心理依附高低变化引起的品牌口碑推荐意愿变化分别为 0.546(4.917-4.371)和 0.703(6.236-5.533),而品牌心理依附高低变化引起的品牌口碑推荐意愿变化分别为 1.162(5.533-4.371)和 1.319 (6.236-4.917),可见品牌心理依附比社区心理依附对被试的品牌口碑推荐更具影响力。假设 H5.3b 得到验证。

4. 调节作用检验

方差分析结果(表 5-6)显示,顾客心理依附和社区氛围在口碑推荐意愿上的交互作用显著 $[F(1,76)=6.452],p<0.05]$,表明顾客心理依附会随着社区氛围的不同对口碑推荐

意愿产生显著不同的影响。

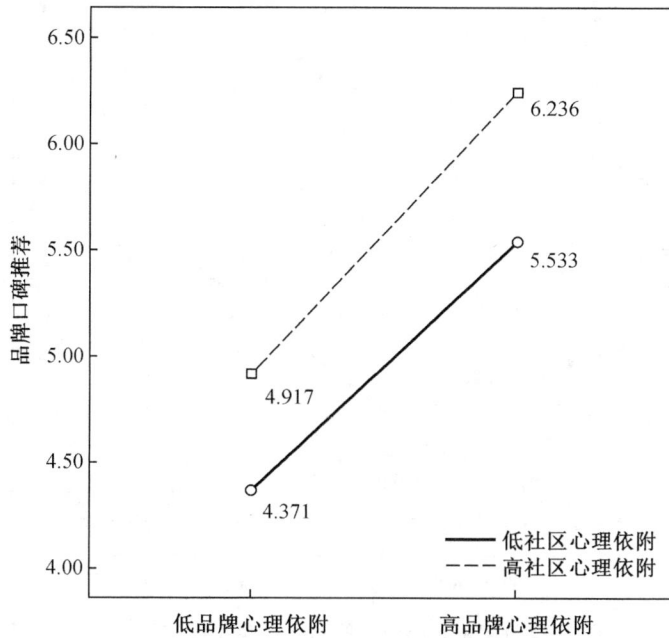

图 5 - 4　实验一顾客心理依附对品牌口碑推荐的影响效应

表 5 - 6　实验一顾客口碑推荐意愿的方差分析结果

自变量	平方和	自由度	平均值平方	F	显著性
顾客心理依附	58.858	1	58.858	58.951	0.000
社区氛围	14.984	1	14.984	15.008	0.000
顾客心理依附 × 社区氛围	6.441	1	6.441	6.452	0.013

　　通过进一步分析可知(图 5 - 5),在高社区氛围下,随着顾客心理依附的提高,被试的口碑推荐意愿有显著的提升[$M_{低顾客心理依附}$ = 4.205, $M_{高顾客心理依附}$ = 6.495,提升了 2.29;$F(1,75)$ = 43.01, $p < 0.001$],在低社区氛围下,随着顾客心理依附的提高,被试的口碑推荐意愿也有显著的提升[$M_{低顾客心理依附}$ = 3.906, $M_{高顾客心理依附}$ = 5.057,提升了 1.151; $F(1,75)$ = 9.66, $p <$ 0.01],顾客心理依附和社区氛围在口碑推荐意愿上的交互效应表明,高氛围相比低氛围,顾客心理依附对口碑推荐意愿的影响程度会更高。假设 H5.4 得到验证。

　　5. 中介效应检验

　　按照 Zhao(2010)提出的中介效应检验程序,参照 Preacher et al(2004)提出的 Bootstrap 分析方法对社区认同的中介作用进行检验。以顾客推荐为因变量,以顾客心理依附为自变量,以社区认同为中介变量进行 Bootstrap 分析,样本量选择 5 000,置信区间 95%。结果表明中介效应显著(LLCI = 0.205 9, ULCI = 0.702 9),作用大小为 0.420 9。此外,控制了中介变量后,顾客心理依附对口碑推荐的影响也显著(LLCI = 0.011 3, ULCI = 0.527 5)。因此,社区认同在顾客心理依附对口碑推荐的影响中发挥着部分中介作用。假设 H5.6 得到支持。

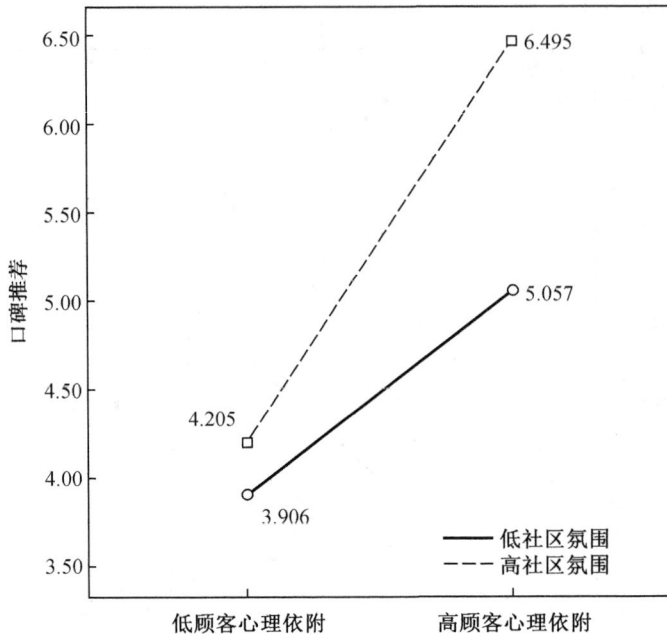

图5-5　实验一心理依附和社区氛围的交互作用

5.4　实　验　二

为了检验品牌心理依附对口碑推荐的影响作用，本书开展实验二，使用某品牌社区的平台案例，验证本研究的第二条主效应，即品牌心理依附对口碑推荐的积极效应，以及关系强度在这过程中的调节作用。

5.4.1　预实验与被试招募

预实验同样采用李克特五级量表，邀请20名在校硕士研究生，在某大学的实验室进行，测量被试对各种智能手机品牌的感兴趣程度，以及推荐该手机品牌的意愿，具体结果见表5-7，显示"华为"的感兴趣和推荐意愿得分最高。

表5-7　各种智能手机品牌的感兴趣程度和推荐意愿

测量指标	小米	苹果	华为	vivo	魅族
感兴趣程度均值	1.650	3.150	4.200	2.700	2.050
标准差	0.671	0.745	0.696	1.128	0.999
推荐意愿均值	2.500	2.550	3.950	2.400	1.600
标准差	1.277	0.826	1.050	1.095	0.681

与实验一相同，本实验招募在校本科生、研究生通过微信转发招募信息，在群聊中课题组以问卷星形式发送《华为品牌社区调查问卷》，通过简单问题测量其对手机品牌社区熟悉程度，要求其对顾客心理依附进行打分，最后筛选出128位符合实验条件且使用该手机品牌的学生做为华为的被试。

5.4.2　实验过程

与实验一同理,首先将被试按照顾客心理依附得分高低进行排序,按取中位数法分为顾客心理依附高低两组,分好的两组被试随机安排进两边的座位,前 4 排 32 位被试得到高关系强度情景,后 4 排 32 位被试得到低关系强度情景。同样的,低社区心理依附组也进行同样的设置。一共分为 4 个组别,每组有 32 名被试。在不告知被试分组的情况下,告知其按照编号的位置就座。具体实验室分组形式如图 5 - 6 所示。

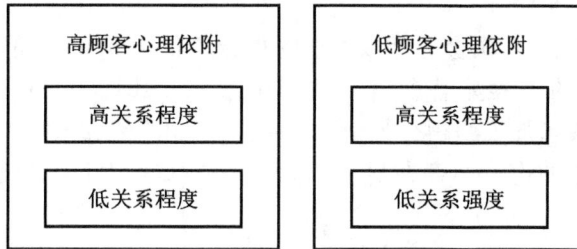

```
┌─────────────────────┐   ┌─────────────────────┐
│   高顾客心理依附      │   │   低顾客心理依附      │
│  ┌───────────────┐  │   │  ┌───────────────┐  │
│  │   高关系程度    │  │   │  │   高关系程度    │  │
│  └───────────────┘  │   │  └───────────────┘  │
│  ┌───────────────┐  │   │  ┌───────────────┐  │
│  │   低关系程度    │  │   │  │   低关系强度    │  │
│  └───────────────┘  │   │  └───────────────┘  │
└─────────────────────┘   └─────────────────────┘
```

图 5 - 6　实验二的实验室分组形式

其次,主持人宣读实验须知,正式进入实验。要求被试打开浏览器,登录华为手机品牌社区,使用屏幕截图留下页面截图,并保存在桌面,命名为"姓名";同时,根据不同的分组,发给被试不同的情境单,关于强关系强度和低关系强度的情境描述见表 5 - 8。

表 5 - 8　实验二的情境描述

关系紧密	关系疏远
A 是您现实中的好朋友,你们有共同的经历、生活背景和兴趣爱好,在线上线下都有联系,经常见面聊天,清楚各自的生活、学习、工作近况,也会在网上进行互动,在各个社交平台中聊天、玩游戏等	A 是您现实中的朋友,你们没有太多共同经历,偶尔会在线上线下联系,对各自的生活、学习、工作近况略有耳闻,会因学习、工作而有接触,但仅限日常沟通,没有太多私交

最后,与实验一类似,主持人提醒被试根据屏幕显示题目,在答题纸相应位置作答。问题包括对关系强度的操控检验,以及社区认同、口碑推荐的打分等。被试答完题后,按照指引领取实验报酬,每个被试会获得 20 元现金作为报酬。其中,关系强度量表题项见表 5 - 9,其余变量测量与实验一所用量表一致。

表 5 - 9　关系强度量表题项

潜变量		测量题项	参考来源
关系强度	1	我和 A 会通过各种方式聊天	Sudman et al,1994; Tice et al,1995
	2	我和 A 会经常一起参加活动	
	3	这个社区所体现的价值观对我很重要	
	4	我感觉到在社区的"主人翁"感而不仅仅是一个成员	
	5	我发现我的价值观和社区的价值观很相似	

5.4.3 数据结果

1. 信度检验

实验结束后共收集到 110 份有效答卷。信度分析显示,社区心理依附(Cronbach's α = 0.888)、品牌心理依附(Cronbach's α = 0.823)、社区认同(Cronbach's α = 0.939)、关系强度(Cronbach's α = 0.901)、社区口碑推荐(Cronbach's α = 0.938)和品牌口碑推荐(Cronbach's α = 0.937)的测量均达到了可以接受的水平。

2. 操控检验

独立 t 检验结果显示,高顾客心理依附组的得分均值为 5.637,低顾客心理依附组的得分均值为 3.618,两者的差异显著(t = − 12.516,p < 0.001);强关系强度组得分均值为 4.630,也显著高于弱关系强度组得分均值 3.744(t = − 2.767,p < 0.01);不同性别、年龄的被试在上述两个变量上的得分不存在显著差异(p > 0.05)。可见,实验对上述变量的操纵是成功的。

3. 主效应检验

首先检验社区心理依附对口碑推荐的影响。与实验一操作相似,采用取中位数方法,将被试按照社区心理依附得分进行排序,取中位数以上的被试为高社区心理依附组,取中位数以下的被试为低社区心理依附组($M_{高社区心理依附}$ = 5.440,$M_{低社区心理依附}$ = 2.647;t = − 16.517,p < 0.001)。方差分析结果显示,社区心理依附对社区口碑推荐具有显著的主效应[$M_{高社区心理依附}$ = 5.284,$M_{低社区心理依附}$ = 3.651;$F(1,108)$ = 39.027,p < 0.001],表明高社区心理依附组相对社区心理依附组有更高的社区口碑推荐,假设 H5.1a 再次得到验证。社区心理依附对品牌口碑推荐也具有显著的主效应[$M_{高社区心理依附}$ = 5.764,$M_{低社区心理依附}$ = 4.513;$F(1,108)$ = 22.064,p < 0.001],表明高社区心理依附组相对低社区心理依附组有更高的品牌口碑推荐,假设 H5.1b 再次得到验证。

接着检验品牌心理依附对口碑推荐的主效应。与实验一操作相似,通过取中位数分组得到[$M_{高品牌心理依附}$ = 6.236,$M_{低品牌心理依附}$ = 4.113(t = − 15.261,p < 0.001)]。方差分析结果具体见表 5 − 10,品牌心理依附对品牌口碑推荐具有显著的主效应[$M_{高品牌心理依附}$ = 5.949,$M_{低品牌心理依附}$ = 4.327;$F(1,108)$ = 43.082,p < 0.001],假设 H5.2a 得到验证,品牌心理依附对社区口碑推荐的主效应也显著[$M_{高品牌心理依附}$ = 5.127,$M_{低品牌心理依附}$ = 3.807;$F(1,108)$ = 22.671,p < 0.001],假设 H5.2b 得到验证。

表 5 − 10　实验二的口碑推荐意愿均值和标准差

	品牌心理依附	
	高品牌心理依附	低品牌心理依附
社区口碑推荐	5.127(1.504)	3.807(1.402)
品牌口碑推荐	5.949(0.869)	4.327(1.614)

通过方差分析比较社区心理依附与品牌心理依附对社区口碑推荐的影响效应,结果显示,社区心理依附[$F(1,108)$ = 21.935,p < 0.001]和品牌心理依附[$F(1,108)$ = 6.868,p < 0.05]对社区口碑推荐的主效应均显著,交互效应也显著[$F(1,106)$ = 7.511,p <

0.05]。均值比较发现,社区心理依附高低变化引起的社区口碑推荐意愿变化分别为0.540(4.200 - 3.660)和2.063(5.690 - 3.627),而品牌心理依附高低变化引起的品牌口碑推荐意愿变化分别为0.033(3.660 - 3.627)和1.490(5.690 - 4.200),可见社区心理依附比品牌心理依附对被试的社区口碑推荐更具影响力,如图 5 - 7 所示。假设 H5.3a 得到验证。

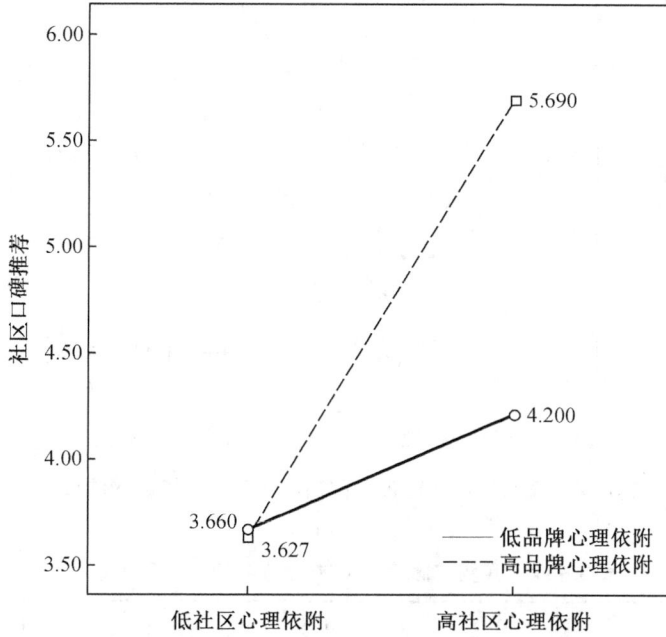

图 5 - 7 实验二顾客心理依附对社区口碑推荐的影响效应

当因变量为品牌口碑推荐,社区心理依附[$F(1,108) = 5.637, p < 0.05$]和品牌心理依附[$F(1,108) = 23.695, p < 0.001$]对品牌口碑推荐的主效应显著,交互效应不显著[$F(1, 106) = 0.107, p > 0.05$]。均值比较发现,社区心理依附高低变化引起的品牌口碑推荐意愿变化分别为0.558(4.733 - 4.175)和0.737(6.150 - 5.413),而品牌心理依附高低变化引起的品牌口碑推荐意愿变化分别为1.238(5.413 - 4.175)和1.417(6.150 - 4.733),可见品牌心理依附比社区心理依附对被试的品牌口碑推荐更具影响力,如图 5 - 8。假设 H5.3b 得到验证。

4. 调节作用检验

方差分析结果(表 5 - 11)显示,顾客心理依附和关系强度在口碑推荐意愿上的交互作用显著[$F(1,106) = 19.524, p < 0.001$],表明顾客心理依附会随着关系强度的不同对口碑推荐意愿产生显著不同的影响。通过对主效应分析(图 5 - 9)可知,在强关系强度下,随着顾客心理依附的提高,被试的口碑推荐意愿有显著的提升[$M_{高顾客心理依附} = 5.844, M_{低顾客心理依附} = 5.038$,提升了 0.806;$F(1,107) = 7.75, p < 0.01$],在弱关系强度下,随着顾客心理依附的提高,被试的口碑推荐意愿也有显著的提升[$M_{高顾客心理依附} = 5.433, M_{低顾客心理依附} = 3.093$,提升了 2.34;$F(1,107) = 69.79, p < 0.001$],这些结果表明,弱关系强度相对强关系强度,顾客心理依附对口碑推荐意愿的影响更为显著。假设 H5.5 得到验证。

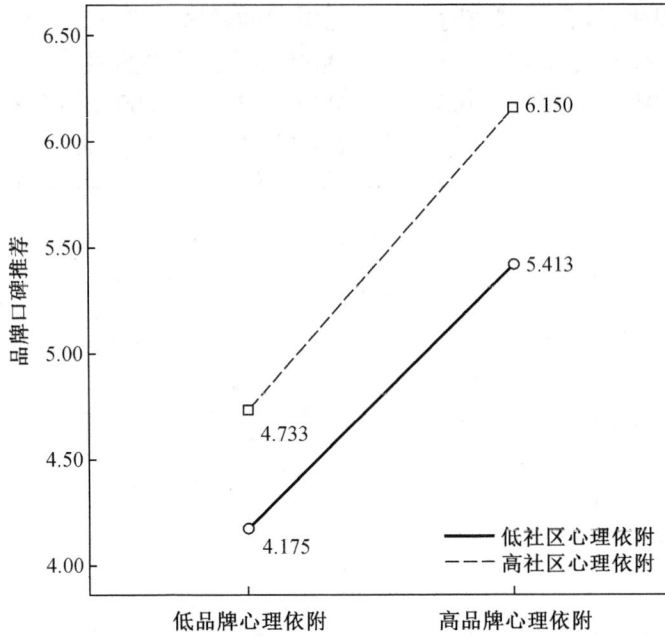

图 5 - 8　实验二顾客心理依附对品牌口碑推荐的影响效应

表 5 - 11　实验二顾客口碑推荐意愿的方差分析结果

自变量	平方和	自由度	平均值平方	F	显著性
顾客心理依附	67.850	1	67.850	82.114	0.000
关系强度	38.061	1	38.061	46.062	0.000
顾客心理依附 × 关系强度	16.132	1	16.132	19.524	0.013

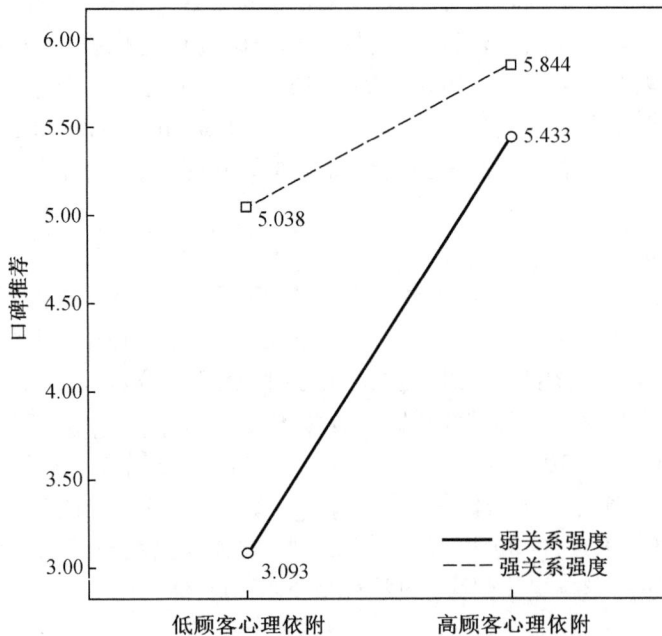

图 5 - 9　实验二心理依附和关系强度的交互作用

5. 中介效应检验

以顾客推荐为因变量,以顾客心理依附为自变量,以社区认同为中介变量进行 Bootstrap 分析,样本量选择 5 000,置信区间 95%。结果表明中介效应显著(LLCI = 0.166 9,ULCI = 0.641 1),作用大小为 0.384 8。此外,控制了中介变量后,顾客心理依附对口碑推荐的影响也显著(LLCI = 0.109 6,ULCI = 0.562 8)。因此,社区认同在顾客心理依附对口碑推荐的影响中发挥着部分中介作用。假设 H5.6 得到支持。

5.5　研究结论

本章通过两个实验,分析了顾客心理依附这一情感性变量是如何对口碑推荐行为产生影响的,并验证了在这过程中社区氛围、关系强度等关系性变量如何产生调节效应。实验一通过各手机社区平台的案例,验证社区心理依附对口碑推荐产生积极效应,并分别验证社区氛围、社区认同在这过程中的调节和中介作用;实验二通过华为品牌社区的平台案例,验证品牌心理依附对口碑推荐产生的积极效应,并加入关系强度调节效应的验证。研究的主要结论包括以下四点。

1. 顾客心理依附对口碑推荐行为产生积极影响

除此之外,社区心理依附对社区口碑推荐的影响强于品牌心理依附,品牌心理依附对品牌口碑推荐的影响强于社区心理依附。首先,本书将顾客心理依附细化为社区心理依附和品牌心理附,对于大多数品牌社区而言,顾客这两种心理依附是同时存在的,且程度较高,对其细分研究具有管理实践上的意义。其次,研究结果表明顾客心理依附对口碑推荐具有积极效应,也就是说除了体验(Hennig et al,2004;Munzel et al,2014)、利他主义(Okazaki,2009;Toubia et al,2013)、个人利益(Okazaki,2009)之外,顾客对社区、品牌的情感联结同样可以促进口碑推荐。这和 Mcalexander et al(2002)发现的在线社区能够促进顾客的品牌忠诚,以及 Maria et al(2015)提出的个体归属情感会显著提高他们从事正面口碑传播行为的研究结果相符合。再次,基于身份和对象的不同心理依附针对不同目标的口碑推荐行为的预测能力有所不同,当心理依附的情感出发点和口碑推荐目标相一致时,其预测能力最强,这和颜静 等(2016)对员工心理依附的研究相类似,再次验证了学者们提出的目标一致性效应。

2. 顾客心理依附和口碑推荐的关系受到社区支持氛围的调节作用

与低社区支持氛围相比,在高社区支持氛围中顾客心理依附对口碑推荐的影响会更加显著。不少研究证明了组织氛围对员工创新行为的重要影响作用(Amabile et al,1996;Nonaka,1994;Kang et al,2016),但品牌社区不同于企业组织,它对顾客的行为不具有强迫性,故主动贡献行为存在一定难度。近期不少研究都验证了在线社群支持性氛围能够通过激发成员创新动机进而促进其创新行为(朱瑾 等,2017;赵建彬 等,2016),而本书将社区氛围作为促进口碑推荐行为的调节效应,是在前人基础上的理论补充,研究结果也再次证明了,当顾客处在较高的支持性社区氛围下,他们的心理依附对其主动贡献行为口碑推荐的促进更加明显。

3. 顾客心理依附和口碑推荐的关系受到关系强度的调节作用

研究结果表明:与高关系强度相比,在低关系强度下顾客心理依附对口碑推荐的影响会更加显著。对于传统面对面口碑传播的研究表明,在关系紧密的情境下,推荐者会更加在意被推荐者的利益和需求,因此更愿意向关系紧密而不是关系疏远的人推荐产品或服务(Frenzen et al,1993;郑亚琴 等,2016)。然而本书却发现,与高关系强度相比,在低关系强度中顾客心理依附对口碑推荐的影响会更加显著。一方面可能因为处于品牌社区的情境下,个体间的交流更多都是以匿名形式进行沟通,无须付出更多的社会成本,所以这时的推荐完全更多是出于和品牌、社区的情感联结,而不受推荐者与被推荐者间的关系影响;另一方面有研究表明,在低关系强度下,推荐者与被推荐者不被社会网络约束,推荐信息更加多样化(Dale et al,1997),这刚好和品牌社区的信息丰富、传播便利等特征吻合。因此,向关系疏远的人推荐的意愿随着心理依附的提高更显著,这和朱翊敏(2013)关于关系强度在推荐人努力程度和推荐意愿间关系起调节作用的研究结果相类似。

4.社区认同在顾客心理依附和口碑推荐间起部分中介作用

社会认同理论可以概括为个体对自己从属于某类人群的认知,而社会心理学的研究表明,这种认知可以促使个体做出"合群"的行为。杨洋 等(2017)借助扎根理论分析一个品牌社群的成员感知和反应数据,从中归纳出身份认知、社群情感、积极评价和用户行为四个维度。在理解顾客心理依附影响口碑推荐的过程机理中,社会认同理论提供了很好的理论基础,对于社区的成员而言,对于社区、品牌的情感和依恋,会使得自己不自觉地调整价值观和态度,使其和社区、品牌保持一致,并做出和其他成员相类似的行为,从而固化了自身的社区认同感,这种认同又会进一步促进自己做出有利于社区、品牌的行为。其结果再次验证楼天阳 等(2011)的研究,社区成员通过纽带人际依恋和身份群组依恋共同构成与社区之间的心理联结系统,也对杨洋 等(2017)通过扎根理论探索的社群情感作为社区认同的主要维度做出重要补充。

第6章 知识匹配视角下创新顾客知识
对口碑推荐的影响研究

本章主要对知识匹配视角下创新顾客知识对口碑推荐的影响研究论题进行理论探讨与实证检验,基于认知匹配理论,选取在创新平台下,研究顾客知识对口碑推荐意愿的影响,以及创新平台中不同设计要素对这种影响的调节作用。本章通过另外两个实验来检验提出的假设,选取易企秀平台作为正式实验场景,实验三验证顾客知识水平对口碑推荐意愿的影响,以及企业提供的指导方式对顾客知识水平和口碑推荐意愿之间关系的调节作用;实验四在变化创新活动主题下,继续验证顾客知识水平对口碑推荐意愿的影响,并检验企业提供不同素材对顾客知识水平和口碑推荐意愿之间关系的调节作用。

6.1 研究概念模型

本质而言,顾客创新研究,其核心问题就是顾客知识的管理问题,是有关顾客知识的获取、共享、转移与有效运用和更新问题(卢俊义 等,2011)。Cui et al(2016)也指出,要在创新中利用顾客知识,并指出新产品绩效受到顾客知识特性、知识管理战略和知识管理执行等的影响,本书从创新顾客知识出发,探讨顾客知识对口碑推荐意愿的影响。过去有关口碑传播的研究结论指出,顾客知识和口碑行为存在不一致的关系(Wangenheim et al,2004;Bansal et al,2000),随着互联网成为口碑传播的一种新渠道,开始有学者从口碑的属性、效价(valence)等方面来探讨顾客知识和口碑推荐之间的关系(Park et al,2008;Lee et al,2012),并指出存在一些因素(如评论类型、评论数量等)成为顾客知识水平和口碑的不一致时关键的调节变量(Park et al,2008)。尽管尚晓燕 等(2015)提炼组织出市场上顾客知识的构成与测量模型,但针对创新平台下的顾客知识还没有专门的研究和探讨。

本章在定性研究的基础上,构建创新顾客知识对口碑推荐的影响研究概念模型,如图6-1所示。

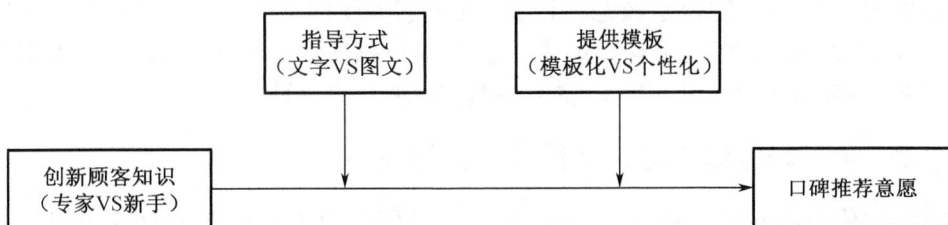

图6-1 创新顾客知识对口碑推荐的影响研究概念模型

认知匹配理论(cognitive fit theory,CFT)指出,当外部给出的信息能够符合个体相应的认知过程,个体的信息处理能够更加的高效(Vessey et al,1991)。认知匹配理论已经在许多工业、商业领域研究中得到了证实(Teets et al,2010;Chan et al,2012)。本书将其运用于顾客参与创新活动的情境中，当企业创新活动的设计符合顾客知识水平时，会降低顾客所需的努力，使顾客更有自信能够进行口碑推荐行为；但当顾客的创新体验与其知识水平不匹配时，顾客的创新成本将提高，顾客可能不愿意做进一步的口碑推荐。下面是具体的研究假设。

6.2 研究假设

6.2.1 创新顾客知识的维度

顾客知识是企业知识来源的重要组成部分，它体现了顾客群体中的优质资源，基于不同视角，学者们对顾客知识进行分类研究。知识属性视角下，顾客知识分为显性顾客知识和隐性顾客知识，显性顾客知识是指可以采用系统语言，容易被获取，并且传播的知识；隐性顾客知识是指难以采用系统语言被获取，且与人的特质相关的知识（Nonaka，1994）。知识来源视角下，顾客知识分为关于顾客的知识和顾客拥有的知识，关于顾客的知识是指从企业角度了解的顾客细分、顾客特征、以顾客需求及潜在顾客等的知识；顾客拥有的知识是指顾客对企业产品的需求偏好、使用功能、使用环境、改进方向、未来市场等的掌握和了解（Rowley，2002）。Smith（2005）基于企业与顾客的关系分类又进一步提出另外一个维度——共同创造的知识。而在消费者市场领域中，更多学者提出顾客知识应包括主观知识和客观知识，主观产品知识是指顾客对自身了解所拥有的和与产品或服务有关的知识的一种自信感知程度，是一种自我感知；客观产品知识是指顾客实际拥有的关于产品或服务的知识（Brucks，1985）。

可以看出，顾客知识视角不同、内容宽泛、涵盖多样，因此对顾客知识的探讨需要放在具体情境下进行研究，尽管尚晓燕 等（2015）在研究组织市场中对顾客知识获取进行过较为深入的探索，但针对创新平台下的顾客知识还没有专门的研究和探讨。事实上，顾客创新是一个依赖知识和学习的复杂活动，很多研究都表明完成顾客知识管理有助于成功开展创新活动，企业和顾客通过合作创新来分享知识变得越来越重要（Alegre et al，2010；Pansari et al，2016）。Luo et al（2015）提出创新导向对顾客知识管理具有直接和正向的影响，企业应主动寻找顾客，鼓励他们参与创新、提出新创意等，从而使顾客知识实现成功转移。

因此，在创新社区中，本书把顾客的参与行为理解为顾客知识运用的动态过程，包括主观知识和客观知识，客观知识是顾客在创新活动中实际拥有的知识，而主观知识则是顾客对创新产品了解程度的感知，是自我评估的知识（Brucks，1985；Rowley，2002）。本书结合具体实验场景，将创新顾客知识分为主观知识和客观知识进行探讨。

6.2.2 创新顾客知识与口碑推荐意愿的关系

学者们对传统口碑的研究表明，顾客知识和口碑行为关系出现了矛盾的结论。基于Brucks（1985）提出的信息搜寻者知识经验水平和其进行努力搜集信息的程度之间呈负相关关系的研究结论，不少学者将其运用到顾客口碑的研究当中。Gilly（1998）通过实证表明产品知识和口碑之间没有正面或者线性关系。Chiou et al（2002）在顾客知识是否会影响忠诚度的实证研究中指出，信任只在高知识组中并通过满意度影响口碑。Bansal et al（2000）也提出顾客专业知识水平和口碑存在不一致的关系。因此，顾客知识和口碑之间的关系还需要进一步深入研究(Wangenheim et al,2004)。

随着顾客参与成为重要的创新来源,学者们也开始思考顾客知识在其中发挥的作用。Anna et al(2015)探讨了三种形式的客户参与创新的前因和影响,指出客户参与创新包括三种形式:客户参与作为一个信息源,客户的参与作为共同开发者,以及客户的参与作为创新者。研究利用多个行业的数据,从这三个维度出发,发现客户参与的三种形式是由不同的因素导致的,需要用不同方式运用客户知识。研究结果表明,顾客知识属性,企业的知识管理战略,知识管理实施会产生不同的影响。此外,客户参与对产品性能的影响取决于公司的技术能力与客户参与创新的不同形式。

随着互联网成为口碑传播的一种新渠道,网络口碑的变化使得顾客知识与口碑推荐之间的关系发生变化,企业可以更加自主地运用顾客知识进行口碑营销。由于网络口碑(如网站上产品的评论)是可以获取和测量的,甚至是可以控制的,例如亚马逊可以决定是否将顾客的评论显示出来,这就使得口碑成为企业另一重要的营销手段。Park et al(2008)基于顾客在线评论提出,评论类型和评论数量可以在顾客知识水平和口碑的不一致时作为关键的调节变量,并提出企业除了广告之外还可以引导顾客创建适当的评论。当然,也有研究指出顾客知识在口碑推荐效应中的影响作用,指出口碑属性和效价的影响效应会受到顾客主观知识的调节(Lee et al,2012),牛更枫 等(2016)也指出,顾客认知需要会影响网络购物意愿,在线评论数量和质量对不同认知需要水平个体的影响不同。然而,这些都仅仅从顾客层面来提出影响顾客知识和口碑传播关系的因素,没有从企业设计层面探讨顾客知识影响口碑推荐的过程。因此,本书考虑企业层面的影响因素,认为企业活动设计是解决顾客知识和口碑推荐之间不一致关系的关键。当顾客参与创新时,拥有较高专业知识水平的顾客会对自己亲自完成的产品有较高的满意度,从而直接影响自身的口碑推荐意愿(Chiou et al,2002)。由此,提出以下假设:

H6.1　顾客知识水平与口碑推荐意愿正相关。

6.2.3　指导方式的调节作用

媒介丰富性理论(Media Richness Theory)指出,丰富度较高的媒介是利用多重线索(multiple cues)、回馈与多样化的语言(diverse language),让人能够彼此明了并达成共识(Daft et al,1984)。在顾客创新体验活动的过程中,指导方式恰恰体现了企业与顾客沟通媒介的丰富性,多重线索如文字、图片、视频等,会为企业提供更丰富的指导信息,从而帮助企业开展创新活动。根据创新社区平台的特点,指导方式一般分为文字指导和图文指导。

有研究表明,新手(相对于专家)使用较为具体的(相对于抽象)方法进行推理,且探究问题的方式是从下至上(相对于从上至下)(Schmidt et al,1993;Wiley,1998)。事实上,专家对知识进行分类时,会采用更抽象的组织原则(Schmidt et al,1993)。此外,抽象的表现方式更容易让人们在记忆中积累知识(Ericsson et al,1995;Kyung et al,2014;Schmidt et al,1993)。与此相反,新手的领域知识往往不够结构化和情节化(Mitchell et al,1996)。这些研究表明,具体的(相对于抽象)线索如图文指导方式更符合低知识水平用户(相对于高知识水平)的认知结构。因此,我们认为低知识水平用户能从图文指导方式中获益更多。

相比于较为直观的图文指导,文字指导需要个体接受文字刺激后,转化为主观印象,进而指导其操作行为。以往的研究发现,专家顾客更倾向于属性数据而新手顾客寻找容易被理解的利益数据。例如,在查看评论信息时,具有较高专业知识的专家顾客选择数字或文字类型的信息，而新手顾客则更希望被提供图形信息（Park et al,2008）。不难理解，知识水平与信息处理能力有关，知识水平较高的顾客具有足够的知识和经验，能够理解较为复杂的文字指导材料，并且可在处理的过程中不断验证自身知识的有用性，这种验证会增强顾客的信心，此时文字指导与其更加匹配。相反，新手顾客获得和利用外部支持的能力相对较差（Prügl et al,2006），直观易懂的图文指导对他们而言更为有用，因为与他们的知识水平更匹配的直观操作模式，减少了新手顾客的创新成本，其创新设计的自信心更高，即图文指导与其更加匹配。

鉴于此，本研究把指导方式作为调节变量，提出以下假设：

H6.2　指导方式对顾客知识和口碑推荐意愿的关系有调节作用

H6.2a　对顾客知识水平较低的新手而言，提供图文指导比提供文字指导的口碑推荐意愿更高；

H6.2b　对顾客知识水平较高的专家而言，提供文字指导比提供图文指导的口碑推荐意愿更高。

6.2.4　提供素材的调节作用

黏性信息理论（sticky information）指出，经济主体之间的信息传播缓慢且需要成本，"信息黏性"的存在使企业获取顾客需求信息的成本过高，且准确性较低。在创新工具箱中提供不同产品设计素材，让顾客根据需求进行大众化模板设计或者进行个性化设计可减少"信息黏性"，降低信息转移成本（Hippel,2001）。在创新活动中，大多企业会为顾客提供设计素材引导顾客进行创新（如易企秀的产品应用设计、小米电视的网上体验间、联想公司的ThinkPad S 系列设计等），如提供模板库素材或让顾客自由添加个性化素材，从而降低"信息黏性"。当然，企业为顾客提供的素材类型同样存在顾客认知匹配的问题，也就是说，顾客知识水平和提供素材对创新顾客口碑推荐意愿产生交互效应。对于企业而言，如何给予不同知识水平的顾客相匹配的设计素材，是影响顾客口碑推荐意愿的关键所在。根据创新社区平台的特点，提供素材一般分为模板化素材和个性化素材。

不同专业知识水平的顾客会寻求不同类型的信息（Park et al,2008），具有较高知识水平的顾客可以根据以往的经验和知识来评估企业提供的信息，他们对素材的了解程度和运用水平往往较高，相比模板化的素材，个性化的素材能够让高知识水平的顾客充分运用自身知识，体现自身知识的价值，并基于对自身的认可而引发口碑推荐，个性化素材与其更加匹配。相比之下，具有较低知识水平的顾客对产品熟悉度较低，利用和处理企业素材的能力较差，更倾向于做出墨守成规的决定（Alba et al,1987）。因此，相比个性化的素材，模板化的素材与其更加匹配，因为模板化的素材使这类顾客在设计体验过程中更轻松，更自信，这在一定程度上降低了顾客对自身知识水平的怀疑，使其仍旧愿意做出口碑推荐行为。

鉴于此，本研究把提供素材作为调节变量提出以下假设：

H6.3　提供素材对顾客知识和口碑推荐意愿的关系有调节作用

H6.3a　对顾客知识水平较低的新手而言，提供模板化素材比提供个性化素材的口碑推荐意愿更高；

H6.3b　对顾客知识水平较高的专家而言，提供个性化素材比提供模板化素材的口碑推荐意愿更高。

6.3　预实验和测量量表

在预实验中,本研究人员在某大学的行为实验室,招募了40位在读工商管理硕士(平均年龄24.7岁,54%女性)进行研究。考虑到创新平台应当是被试较为感兴趣并且愿意推荐的,结果如表6-1所示。其中得分最高的是易企秀平台(感兴趣程度的均值为4.20,推荐意愿均值为3.90)。易企秀是一款帮助个人或企业进行移动互联网营销的社区平台,它提供并指导用户利用DIY制作工具,轻松简单制作精美的手机页面,并且可通过自身的社会化媒体账号进行传播、展示业务、收集潜在客户。因此,选取易企秀平台作为正式实验场景。

表6-1　创新平台的感兴趣程度和推荐意愿

	卡娃微卡	微秀	易企秀	兔展	初页
感兴趣程度均值	3.60	4.00	4.20	3.90	3.70
标准差	1.66	1.60	1.32	1.35	1.40
推荐意愿均值	3.50	3.90	3.90	3.70	3.40
标准差	1.63	1.73	1.58	1.27	1.59

在易企秀平台下,为了更好地测量被试的客观知识,被试继续完成预实验中的测试。首先,提供给被试免费的饮料和零食,要求每个被试在易企秀平台下进行创作,主题不限,时间30分钟。其次,通过深度访谈收集被试对顾客知识的理解,具体问题包括"您的哪些知识可以帮助您完成今天的实验""您认为要完成今天的知识需要掌握哪些方面的知识"等,将具体访谈资料整理成表格。最后,要求被试通过评价打分的方式,采用五级量表测量其同意程度,其中"易企秀平台应用和功能""排版编辑知识""美观设计知识""幻灯片制作知识""动画制作知识"等5项的得分较高,具体见表6-2。因此,这15项内容作为设计顾客知识水平量表的重要依据。

表6-2　顾客客观知识的评价打分

描述	均值	标准差	描述	均值	标准差
易企秀平台应用和功能	4.3	1.62	美观设计知识	4.2	1.35
相似平台制作经验	3.6	1.54	幻灯片制作知识	4.5	1.54
电脑操作知识	4.0	1.55	信息收集知识	3.7	1.44
排版编辑知识	4.6	1.76	动画制作知识	4.3	1.56
语言文字功底	3.5	1.24	素材处理知识	4.1	1.43
配色知识	3.8	1.66	创新经历	3.4	1.34

本研究人员对顾客知识水平的测量参考Brucks(1985)、Pieniak et al(2010)对主观知识和客观知识的测量,结合易企秀的相关资料和深度访谈资料,客观知识通过"在我熟悉易企秀平台应用和功能"等5个选项进行测量,主观知识通过"我认为自己非常了解易企秀 H5

微场景制作的步骤"等6个选项进行测量,并通过"我对易企秀产品不是很了解"反向选项来进行检验。在实验过程中,根据被试对其有关易企秀产品客观知识及主观知识的综合平均得分,借鉴 Park et al(2008)的研究,用平均值进行划分,这种划分方法在营销文献中的管理消费者知识领域较为常见(Park et al,2008;Maheswaran et al,1990;Alba et al,1987)。同时,对口碑推荐的测量参考 Carroll et al(2006)、Keng et al(2007)的研究成果并结合实际研究内容,通过"我很愿意将我制作的作品展示给别人看"等5个选项进行测量。测量量表具体见表6-3。

表6-3　顾客知识与口碑推荐意愿的测量量表

变量	题项	参考来源
主观知识	我认为自己非常了解易企秀 H5 微场景制作的步骤	Brucks,1985; Pieniak et al,2010
	我会主动去获取有关易企秀的产品知识	
	当别人向我询问时,我可以提供有关易企秀产品制作的建议	
	我可以说出易企秀产品的应用和功能	
	和一般人相比,我认为我有丰富的易企秀产品制作经验	
	和一般人相比,我认为我有丰富的易企秀产品推广经验	
客观知识	我熟悉易企秀平台应用和功能	Brucks,1985; Pieniak et al,2010
	我掌握排版编辑知识	
	我掌握美观设计知识	
	我掌握幻灯片制作知识	
	我掌握动画制作知识	
口碑推荐意愿	我很愿意将我制作的作品展示给别人看	Carroll et al,2006; Keng et al,2007
	我很愿意和别人讨论我的作品	
	我很愿意将我制作的作品推荐给亲朋好友	
	我会向亲朋好友介绍易企秀和它的相关产品	
	我会向亲人或朋友推荐使用易企秀的产品	

6.4　实　验　三

实验三的目的是考察在创新社区中,顾客知识水平对口碑推荐意愿的影响,以及企业提供的指导方式对顾客知识水平和口碑推荐意愿之间关系的调节作用,即检验假设 H6.1 和 H6.2。

6.4.1　实验过程

实验三采用 2(顾客知识水平:新手组 VS 专家组)×2(指导方式:文字 VS 图文)的组间实验设计,共 88 名本科生(52.3% 女性)参加了本次研究,并被随机地分为了 4 个组。实验中自变量分别为顾客知识水平和指导方式,因变量为口碑推荐意愿。实验的刺激物为指导方式,分为文字指导和图文指导两个处理水平。研究中选取易企秀平台上的制作指导,制作成两份指导材料,第一份材料仅有文字步骤,第二份材料的文字步骤内容与第一份一致,但在每一步骤后均附有操作图片(详见附录 D)。指导材料制作完成后,邀请 10 位同学阅读两份材料,并对个别语句和字眼进行调整,确保两份材料语义清晰。

实验采用集体施测方式,在行为实验室中进行。首先,被试阅读易企秀官网以及百度百科上对易企秀的相关介绍,阅读完毕后填写关于易企秀产品知识的问卷。接下来,被试被要求在易企秀官网上注册账户,并进行一个主题为"制作 H5 微场景,为华为宣传"的 H5 微场景创作。根据被试对其有关易企秀产品客观知识及主观知识的综合平均得分,将被试分为新手组和专家组(新手组 44 人,专家组 44 人),并将每个组别的被试分别随机平均分配到文字和图文两个情境中的一个。在文字指导组中,被试在开始制作前阅读制作"华为宣传"主题的文字指导材料;在图文指导组中,则阅读一段"华为宣传"主题的图文指导。分配完成后,被试在易企秀网站上制作个人的 H5 手机微场景,在规定时间内完成并提交作品。创作结束后,被试完成口碑推荐意向的问卷。

6.4.2　操控检验

首先,本研究人员对新手组与专家组的主客观知识进行分析,结果显示他们在客观知识上的得分[$M_{专家}=3.76>M_{新手}=2.92,F(1,84)=19.620,p<0.01$]和主观知识上的得分[$M_{专家}=3.84>M_{新手}=2.74,F(1,84)=25.862,p<0.01$]都有显著差异。

其次,为检验指导方式与顾客知识水平匹配程度的操纵是否成功,我们让被试回答"根据您的知识水平,该指导方式对您而言难度如何"(1 = 非常难,3 = 适中,5 = 非常简单)。我们发现,在新手组中[$M_{图}=3.41>M_{文}=2.14,F(1,42)=34.158,p<0.01$];在专家组中,[$M_{图}=4.32>M_{文}=3.23,F(1,42)=26.820,p<0.01$]。可见,对于知识水平较低的新手而言,图文指导更接近于他们的知识水平;对于知识水平较高的专家而言,文字指导更接近他们的知识水平。

最后,为进一步确定图文指导、文字指导是否分别与新手组的知识水平、专家组的知识水平更加匹配,我们使用独立样本 t 检验验证图文指导与文字指导的得分是否显著存在差异(表 6 - 4)。对两份指导材料的检验结果与期望基本一致:新手组对于图文指导的评分接近于适中,显著高于文字指导的得分且显著低于专家组对图文指导的评分;专家组对于文字指导的评分接近于适中,显著低于图文指导的评分且显著高于新手对文字指导的评分。

总体而言,操纵检验说明了两份指导材料所需要的知识水平具有显著的区分度,并且图文指导材料与新手顾客的知识水平更匹配,而文字指导材料与专家顾客的知识水平更匹配。

表 6-4 指导方式的操纵检验结果

分类	新手组	专家组	t(独立样本 t 检验)
图文指导	3.41	4.32	-4.604 * * *
文字指导	2.14	3.23	-4.912 * * *
t(配对检验)	6.384 * * *	5.267 * * *	

注:* * *表示 $p < 0.001$。

6.4.3 数据结果

在进行假设检验前,先对顾客知识水平和口碑推荐意愿的量表的信效度检验。检验结果显示:顾客知识水平量表的 Cronbach's α 值为 0.864,验证性因子分析(CFA)显示,各因子载荷均在 0.80 到 0.85 之间;口碑推荐意愿量表 Cronbach's α 值为 0.913,各因子载荷均在 0.80 到 0.92 之间,说明本研究中所采用的量表信效度良好。

实验中,新手组知识水平的综合平均得分为 2.83,专家组知识水平的综合平均得分为 3.80。对顾客知识水平的主效应进行分析,结果显示,顾客知识水平的主效应显著[$F(1, 84) = 6.933, p < 0.05$]。具体而言,知识水平较高的专家组口碑推荐意愿($M = 3.93$)高于知识水平较低的新手组($M = 3.65$),如图 6-2 所示。因此,假设 H6.1 得到支持。

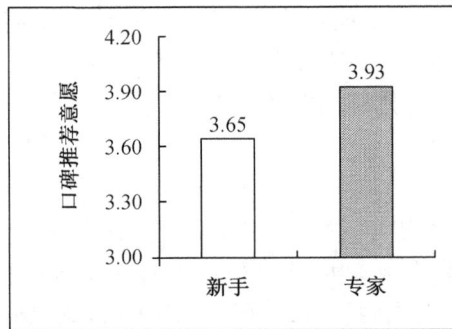

图 6-2 实验三顾客知识水平的主效应分析

顾客知识水平和指导方式的交互作用不显著[$F(1, 84) = 3.301, p > 0.05$],无论是文字指导还是图文指导,专家顾客的口碑推荐意愿均高于新手顾客。具体来说,当给予新手顾客图文指导时,其口碑推荐意愿有所增加($M_{图} = 3.83$, SD = 0.62; $M_{文} = 3.46$, SD = 0.53),但专家顾客对两种指导方式的口碑推荐意愿却没有显著差别($M_{图} = 3.92$, SD = 0.42; $M_{文} = 3.95$, SD = 0.45),也就是说,对于新手顾客而言,提供图文指导的口碑推荐意愿并不一定高于文字指导,对于专家顾客而言,提供文字指导的口碑推荐意愿并不一定高于图文指导,如表 6-5 及图 6-3 所示,假设 H6.2a, H6.2b 均未得到支持,即假设 H6.2 未得到支持。

表 6－5 顾客知识水平和指导方式的交互作用

自变量	总平方和	df	均方	F	p
顾客知识水平	1.792	1	1.792	6.933	0.010
指导方式	0.610	1	0.610	2.362	0.128
顾客知识水平×指导方式	0.853	1	0.853	3.301	0.073

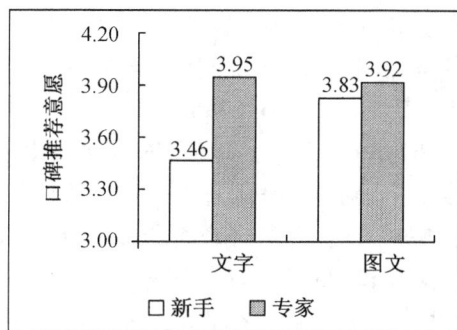

图 6－3 顾客知识水平与指导方式的交互作用

6.5 实 验 四

为了避免由于创作主题的差异而对实验结果产生影响,实验四在新的创作主题下再次验证 H6.1 的结果,同时检验企业提供不同素材对顾客知识水平和口碑推荐意愿之间关系的调节作用,即检验假设 H6.3。为了控制指导方式对实验结果的影响,实验四中将不提供任何指导。

6.5.1 实验过程

实验四采用 2(顾客知识水平:新手组 VS 专家组)×2(提供素材:个性化 VS 模板化)的组间实验设计,共 96 名本科生(55.2% 女性)参加了本次研究,并被随机地分为了 4 个组。实验中自变量分别为顾客知识水平和提供素材,因变量为口碑推荐意愿。实验的刺激物为提供素材,包括个性化素材和模板化素材两个处理水平。个性化创作是顾客运用自己掌握的知识,选择体现个性特征的素材进行自由创作,而模板化创作是顾客更多地依靠外界提供的创作上的帮助,例如运用已有的、与创作相关的素材。因此,实验四中对个性化素材的操控采用被试使用自己选择的照片和音乐,模板化素材的操控采用被试使用研究人员提供的与创作主题相关的模板素材。

首先,与实验三一致,被试阅读易企秀官网以及百度百科上对易企秀的相关介绍,阅读完毕后填写关于易企秀产品知识水平的问卷。接下来,被试被要求在易企秀官网上注册一个个人账户,并进行一个主题为"教师节,我们一起秀祝福"的 H5 微场景创作。采用实验三的方式将被试分为新手组和专家组(新手组 44 人,专家组 52 人),并将每个组别的被试随机分配到个性化和模板化两个情境中的一个。此时,个性化组别的被试将使用自己带来的照片和音乐进行创作,而模板化组别的被试将使用由研究人员提供的与主题相关的模板素材。创作完成后,被试被要求完成口碑推荐意向的问卷。

6.5.2　操控检验

对新手组与专家组的主客观知识进行分析,他们在客观知识上的得分$[M_{专家}=3.85>M_{新手}=2.81,F(1,92)=36.945,p<0.01]$和主观知识上的得分$[M_{专家}=3.89>M_{新手}=2.63,F(1,92)=62.364,p<0.01]$仍具有显著差异。为检验提供素材与顾客知识水平匹配程度的操纵是否成功,我们让被试回答"根据您的知识水平,在该素材创作方式中,您的知识水平运用程度如何"(1=非常低,3=适中,5=非常高)。我们发现,在新手组中$[M_{模版化}=4.14>M_{个性化}=2.55,F(1,42)=64.798,p<0.01]$;在专家组中$[M_{个性化}=4.08>M_{模版化}=2.54,F(1,50)=50.761,p<0.01]$。即对于知识水平较低的新手而言,相比个性化素材,模板化素材的运用程度更高,对于知识水平较高的专家而言,个性化素材的运用程度更高。为进一步确定模板化素材、个性化素材是否与新手组的知识水平、专家组的知识水平更加匹配,使用独立样本t检验和配对样本t检验做进一步检验(表6-6)。结果显示,新手对于模板化素材的知识运用水平显著高于个性化素材,也显著高于专家组对于模板化的知识运用水平;专家组对于个性化素材的知识运用水平显著高于模板化素材,也显著高于新手组对于个性化素材的知识运用水平。这表明模板化素材与新手的知识水平更为匹配,而个性化素材与专家的知识水平更为匹配。

表6-6　提供素材的操纵检验结果

分类	新手组	专家组	t(独立样本t检验)
模板化素材	4.14	2.53	7.193 * * *
个性化素材	2.55	4.08	-7.769 * * *
t(配对检验)	8.737 * * *	-7.352 * * *	

注: * * * 表示 p<0.001。

6.5.3　数据结果

实验四中新手组知识水平的综合平均得分为2.72,专家组知识水平的综合平均得分为3.87。对顾客知识水平的主效应做进一步验证,结果显示,顾客知识水平的主效应依然显著$[F(1,92)=22.799,p<0.01]$。具体而言,知识水平较高的专家组口碑推荐意愿$(M=3.87)$高于知识水平较低的新手组$(M=3.46)$,如图6-4所示。因此,假设H6.1再次得到验证。

提供素材对顾客知识水平和口碑推荐意愿之间的关系存在显著的调节作用,$[F(1,92)=12.84,p<0.01]$。具体来说,在新手组中$[M_{个性化}=3.13(SD=0.31)<M_{模板化}=3.59(SD=0.54),F(1,42)=7.605,p<0.01]$;在专家组中$[M_{个性化}=3.99(SD=0.37)>M_{模板化}=3.71(SD=0.53),F(1,50)=4.94,p<0.05]$。也就是说,对于新手而言,相比提供个性化素材,当提供模板化素材时,口碑推荐意愿更高;而对于专家而言,相比提供模板化素材,提供个性化素材口碑推荐意愿更高,如表6-7及图6-5所示,假设H3、H3a、H3b得到支持。

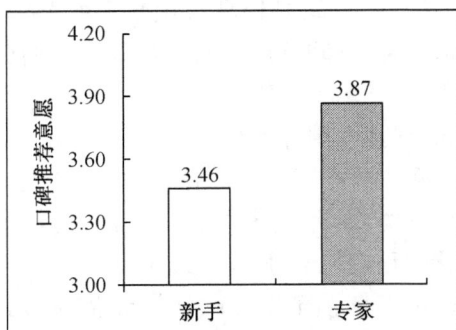

图 6 - 4　实验四顾客知识水平的主效应

表 6 - 7　顾客知识水平和提供素材的交互作用

自变量	总平方和	df	均方	F	p
顾客知识水平	4.915	1	4.915	22.799	0.001
提供素材	0.161	1	0.161	0.748	0.389
顾客知识水平 × 提供素材	2.769	1	2.769	12.844	0.001

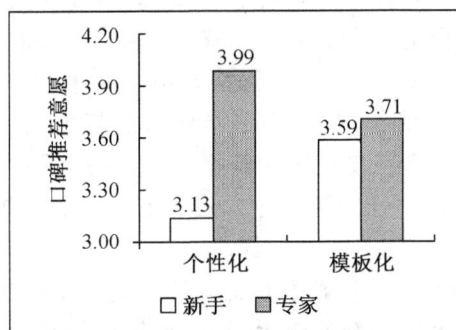

图 6 - 5　顾客知识水平和提供素材的交互作用

6.6　研 究 结 论

本章通过两个实验,分析了创新顾客知识对口碑推荐意愿的影响效应,并基于认知匹配理论验证了在这过程中指导方式、提供模板是如何与顾客知识产生交互作用,从而影响口碑推荐的。实验三采用 2(顾客知识水平:新手组 VS 专家组)×2(指导方式:文字 VS 图文)的组间实验,实验四采用 2(顾客知识水平:新手组 VS 专家组)×2(提供素材:个性化 VS 模板化)的组间实验设计,以下内容为设计研究的主要结论。

1. 创新活动中顾客知识水平对口碑推荐意愿有显著影响

具体来说,创新顾客的知识水平越高,口碑推荐意愿越高。创新活动过程是一个顾客知识有效运用的过程,顾客可以通过创新成果检验自身知识水平的高低,当知识水平更高时,在参与过程中可以更高效、更出色地完成创新任务,正如 Cui et al(2016)所指出的,顾客知识通过顾客参与影响新产品绩效。同时较高知识水平的顾客由于对产品有较高的满意度,且在本实验中顾客的创新成果是即时可见的,从而提高自身的口碑推荐意愿,这也符合Chiou et al(2002)的研究结果。

2. 指导方式和顾客知识的交互作用并不显著

对于专家顾客或者新手顾客而言,无论采用图文指导还是文字指导,其口碑推荐意愿并无显著差异,无论在何种指导方式下,专家顾客的口碑推荐意愿均高于新手顾客。这与以往对普通顾客的研究结论有所分歧(Park et al,2008)。一个可能的解释是,在创新活动中,顾客对于创新活动的操作更多依赖于以往的知识经验,特别是在网络环境下运用工具箱开展的创新活动,企业的外部指导几乎不会对其产生影响,顾客更多的还是运用自身知识进行操作设计,指导方式并不能显示出与顾客知识水平的匹配性。也就是说,对于专家而言,不管采用何种指导方式,他们仍然会对自身的知识水平有足够的信心,他们具备足够的知识和经验,能够理解简单或复杂的指导材料;对于新手而言,图文指导方式虽然在一定程度上能够降低他们的创新成本,但由于对运用自身知识参与创新的不自信,他们获得和利用外部支持的能力仍然呈现低水平(Prügl et al,2006)。因此,指导方式和知识水平的交互作用并不显著,指导方式在顾客知识水平和口碑推荐意愿中没有产生调节效应。

另外,假设 H6.2 没有得到支持,也可能是基于以下原因:假设 H6.2 验证的是创新顾客知识和指导方式会对口碑推荐意愿产生交互影响作用,而通过我们的实验分析,这个假设并没有得到支持,根据前文对文献研究的结果可知,指导方式是企业与顾客沟通的某种媒介,它反映了沟通过程中媒介的运用,如文字、图片、视频等,而由于实验操作,我们仅将指导方式区分为图片和图文。但事实上,现在网络虚拟社区中,媒介极度丰富,这两种指导方式对于顾客而言可能过于基础和简单,如很多指导形式都采用了模拟动画、H5 页面、Flash等,而且这些指导方法并不仅仅是在社区中获得,有可能是通过其他顾客的分享获悉。因此,尽管创新顾客知识有高低之分,但是指导方式的不同不能让被试很好地被感知,所以没有产生交互作用。

3. 提供素材和顾客知识水平对口碑推荐意愿的影响存在交互效应

具体来说,对顾客知识水平较低的新手而言,提供模板化素材比提供个性化素材的口碑推荐意愿更高,新手和模板化素材更加匹配;而对顾客知识水平较高的专家而言,提供个性化素材比提供模板化素材的口碑推荐意愿更高,专家和个性化素材更加匹配。这也再次验证了 Park et al(2008)的观点,不同专业知识水平的顾客寻求不同类型的信息。当顾客知识水平较低时,模板化素材与之更匹配,它符合顾客认知水平,使顾客在设计体验过程中更轻松,更自信,降低了顾客对自身知识水平的怀疑,激励顾客做出口碑推荐,当顾客知识水平较高时,个性化素材与之更匹配,使顾客能够充分运用自身知识,体现自身知识的价值,从而引发口碑推荐。

第7章 结论和未来展望

通过前6章的研究,本书面向创新社区,围绕"创新顾客口碑效应的形成机理及管理策略"这一研究主题,构建出创新顾客口碑推荐行为形成机理的过程模型,并分别从心理变化和知识匹配两个视角,对3个子研究项目进行深入的理论分析和实证检验。本章将对全文的研究结果进行总结,分别阐述本书的主要结论、创新点、实践启示以及未来展望。

7.1 结 论

口碑已然成为企业获得竞争优势的重要来源,随着社交媒体和网络口碑的普及,在线论坛、社区等也为口碑传播创造了条件,从而扩大了口碑的传播范围和影响力(Thompson et al,2014)。与此同时,顾客参与创新会给企业和顾客都带来价值,这一结论已成为共识(Auh et al,2007),创新顾客从服务中感受更多价值,顾客往往更满意(Dong et al,2014)。除了满意,有研究表明,情感承诺可能会是另一个结果,虽然至今这一领域的实证研究依然很少(Grisaffe et al,2011)。如何通过了解创新顾客的心理变化,把握创新顾客的心理特征,设计好创新社区的管理要素,实现创新顾客口碑效应的最大化,是一个值得深入探讨的理论与现实问题。

本书在综合现有口碑管理和顾客创新理论成果的基础上,通过质化研究中的扎根理论方法,按照开放式译码、主轴译码和选择式译码3个步骤,构建出创新顾客口碑推荐行为形成机理的初始模型,提出了3个初始研究论题,从心理变化和知识匹配两个视角,建立了本书的整体概念模型,并进一步开展3项子研究,在对这3个论题的研究中,提出了15个研究假设,具体假设检验结果见表7-1。

表7-1 本书的研究假设和结果

序号	研究假设	结果
1	H4.1 参与程度对顾客心理依附呈正向影响	支持
2	H4.2 贡献感知对顾客心理依附呈正向影响	支持
3	H4.3 参与程度对顾客心理依附的影响效应会受到成就感的中介作用	支持
4	H4.4 贡献感知对顾客心理依附的影响效应会受到成就感的中介作用	支持
5	H4.5 依存型自我构念对参与程度和顾客心理依附间的关系起调节作用	支持
6	H4.6 依存型自我构念对贡献感知和顾客心理依附间的关系起调节作用	支持
7	H5.1 社区心理依附正向影响口碑推荐行为	支持
8	H5.2 品牌心理依附正向影响口碑推荐行为	支持
9	H5.3 顾客心理依附对口碑推荐行为的影响存在主效应和溢出效应之分	支持

表 7-1(续)

序号	研究假设	结果
10	H5.4 顾客心理依附和口碑推荐的关系受到社区支持氛围的调节作用	支持
11	H5.5 顾客心理依附和口碑推荐的关系受到关系强度的调节作用	支持
12	H5.6 社区认同在顾客心理依附和口碑推荐间起中介作用	支持
13	H6.1 顾客知识水平与口碑推荐意愿正相关	支持
14	H6.2 指导方式对顾客知识和口碑推荐意愿的关系有调节作用	不支持
15	H6.3 提供素材对顾客知识和口碑推荐意愿的关系有调节作用	支持

7.2 主要创新点

本书尝试在两个关键问题上有所突破:第一,顾客参与创新后会经历怎样的情感心理变化,以及这种心理变化是如何影响口碑推荐行为的。第二,创新顾客知识如何匹配创新社区的管理要素,从而最大限度地激发口碑激励意愿。针对这两个关键研究问题,开展了"顾客参与创新对心理依附的影响研究""顾客心理依附对口碑推荐的影响研究""创新顾客知识对口碑推荐的影响研究"等三个论题的研究,并运用规范的实证研究方法对理论观点进行检验和解释。在继承已有研究成果的基础上,本书的主要创新之处可归纳为以下两个方面。

1. 研究视角的创新

顾客创新和口碑传播研究已经有了比较丰富的研究文献及成果,然而大多数研究模型的构建都是以普通顾客为研究对象,且对顾客创新的后续行为研究很少,顾客创新后续行为的重要价值还没有得到充分挖掘。本书针对当前顾客注重参与和体验的市场环境,以创新顾客为研究对象,从顾客创新视角来寻找顾客口碑来源,基于社会认同理论、社会交换理论、认知匹配理论等,通过剖析创新顾客产生口碑推荐行为的心理过程,揭示导致顾客创新和口碑推荐行为的中介因素和调节因素,提出创新顾客口碑效应的管理框架,探索创新顾客口碑推荐行为的形成机理。研究视角新颖、切入点合理,结果将进一步拓展现有口碑研究领域。这是本书的重要创新与贡献。

2. 研究内容的创新

首先,从社会认同理论视角,通过问卷调查的实证研究,揭示了顾客创新对顾客心理依附的影响效应,深化了对创新顾客心理变化层面的理解。

其次,从社会交换理论和社会认同理论视角,通过实验设计的实证研究方法,揭示了创新顾客口碑推荐行为的形成机理,并验证关系强度、社区氛围和社区认同等在其中起到的影响作用,补充了当前这一研究问题的空白。

最后,从认知匹配理论视角,进一步研究顾客知识和创新社区管理要素的匹配度,推动企业在充分了解创新顾客心理变化基础上合理设计创新社区体验活动,在有效管理成本的同时获得口碑推荐价值最大化,结果有望对企业实践做出更有效的指引。

7.3　实　践　启　示

对于企业营销实践而言,管理者们关心的问题是如何保持顾客忠诚,鼓励顾客的主动贡献行为,如口碑推荐等。本书重点回答了"在创新社区中,顾客参与创新后会经历怎样的情感心理变化,以及这种心理变化是如何影响口碑推荐行为的""创新顾客知识如何匹配创新社区的管理要素,从而最大限度地激发口碑激励意愿"两个问题,对于企业运营创新社区的营销实践有一定的指导意义。具体的实践启示如下。

1. 把握创新顾客的心理变化,提高参与感来鼓励主动贡献

企业需要营造良好的创新环境。企业要在社区建设上通过活动设计来提高顾客的参与感,比如可以通过在线时间、评论量、参与活动次数等进行身份验证、提高活动页面的黏性等。贡献感知也是影响社区心理依附的关键要素,企业应拓宽与顾客互动的渠道,及时让顾客了解社区活动对企业产品设计及创新的重要性,提高顾客对自身贡献的感知,使社区内群体乐于贡献创意,贡献创意能够得到企业、其他成员的正面激励,可以利用社区内的领先用户,带动其他成员营造出活跃的创新互动氛围。

企业应采取相应措施提高创新顾客的成就感。一方面,给予创新顾客适当的奖励可以提高顾客的成就感,这种奖励可以是积分、奖券、兑换码等,也可以是购买优先权、社区创新达人标识等。另一方面,尽量将顾客的参与可视化,提供积极的反馈,如标签或者证书;强调顾客作为创新参与者的角色,如 Threadless 公司就将设计者名字标注在企业网站以及设计的 T 恤内。

创新社区应该通过激发顾客的依存型自我构念,从而加强顾客的心理依附。一方面,发展和利用互动信息提示,可以较好地激发成员的依存型自我构念,例如通过在创新社区平台中使用代词"我们""我们的"以及"我们自己"能够轻松并有效地激励依存型自我构念。另一方面,利用视觉图像来刺激社区成员的依存型自我构念。例如,当在美国人面前展示他们的国旗时,他们的依存型自我构念很可能就会被激活。在创新社区中,视觉图像代表着网络社区的特殊标识,如社区标识、成员身份标识等,可以通过这些特殊标识来激发顾客的依存型自我构念,引导顾客关注这种团体身份,使这种团体身份产生欲望和行为,并促进集体的利益。

2. 加强顾客和品牌社区的情感联结,激励顾客的口碑推荐

不论是品牌心理依附还是社区心理依附,都对口碑推荐行为有积极的影响作用,且当目标一致时这种影响更显著。因此,企业可以从两方面有针对性地刺激口碑推荐。一方面加强顾客和社区的情感联结,采取有效的激励措施,鼓励顾客更多参与社区活动,发布更有质量的论坛帖子,引导顾客反馈和参与,如签到奖励、奖章颁布、特权授予等,增加顾客与社区的黏性,使得顾客自发为社区发声,通过口碑推荐使更多人参与,从而形成良性循环。另一方面品牌已经不能像以前一样只是冷冰冰的高高在上,而应更加娱乐化、个性化,重视体验在其中扮演的角色。如星巴克从 2012 年开启微信业务以来,就非常注重与用户的一对一互动,它不满足于文字、图片,更注重语言、视频传播,推出"自然醒""早安闹钟"等创意,强化品牌与消费者的沟通和体验,从而激励顾客的主动分享。

企业要营造一个开放、富有活力的社区氛围,鼓励成员提出有创意、独特又有见解的观点。管理者可以引导成员更多发表原创帖子,随时置顶一些有代表性的观点,奖励积极参

与创新并发表感受的帖子,让顾客在参与活动时更加自由和顺畅,且在社区氛围维护上,要尽量保持一致,使顾客感受到统一的社区文化。正如2014年发生的知乎风波,当知乎宣布放弃以往邀请注册模式,改为开放注册时,不少资深用户纷纷离开并删除内容,正是因为知乎一直打造一个友好讨论、认真回答、理性分享的网络社区氛围,但开放注册的新政策推出导致社区氛围受到了影响。因此,社区氛围的维护需要管理者设置详细、公开、明确的版规,并设置好合理的奖惩方式,形成统一的社区目标。

企业可以根据不同网络媒介的特点来设计口碑推荐环节的设置。研究结果显示,相比于关系紧密型,关系疏远型的顾客心理依附对口碑推荐的影响会更加显著。由于不同的网络设置中,推荐者和被推荐者之间的关系强度存在一定差异。比如微信、SNS网站中,更多人是基于社交基础而加为好友,且大多是现实中的亲朋好友,属于关系紧密型,这种情境下更多人会自发地向其他人推荐。然而,在其他网络媒介中,如微博、论坛、聊天室等,人们更多是因为兴趣和话题而进行沟通,属于关系疏远型,这时候口碑推荐会随着顾客心理依附的加强而加强,因此,社区维护仍然要注重加强顾客心理依附,且在口碑推荐环节,要提供相应的引导等,使顾客更方便进行口碑推荐的操作。如成立于2011年的小米社区,通过强大的开放式互动平台,成功建立以具有共同兴趣的米粉互动交流版块为支撑的品牌社区,在互动板块中,管理者引导成员在论坛发帖、在酷玩帮分享照片,在爆米花杂志刊登文章等,这样的口碑推荐模式很好地让顾客成为企业的"代言者",实现了口碑的自发和主动传播。

社区认同作为解释顾客心理依附影响口碑推荐过程的中介变量,应成为社区管理者运营的关键要素。其中一个重要管理策略就是培养顾客对于社区成员身份的认知,通过代表社区或成员的特征和标识、宣传具体的社区价值观或精神来加强这种认知,并通过强调品牌历史、品牌故事等方法促使顾客构建情感联结,同时注重发挥社区管理者自身的影响作用,运用其情感、态度、行为等来感染顾客并吸引用户,从而提高顾客的社区认同感。

3. 改进创新活动设计,注重设计要素与顾客知识的匹配度

企业在设计创新活动时,要充分考虑参与创新顾客的知识水平高低对口碑推荐意愿的影响。总的来说,顾客知识水平越高,越愿意进行口碑推荐。这就涉及一个如何区分知识水平高低顾客的问题。一般而言,可从以下几方面进行区分。产品方面,考虑产品生命周期的影响,对于参与新产品创新时,目标顾客可能是有较高知识水平的早期采用者;而在主流市场中参与创新的顾客,即产品生命周期成熟阶段的顾客,其专业知识水平可能相对较低。顾客方面,考虑顾客参与时间的影响,对于参与程度较高的顾客,比如在创新社区中,发帖量、回帖量都较高的顾客,其知识水平可能相对较高;相反,对于参与程度较低的顾客,比如多潜水、少发言的顾客,则知识水平可能相对较低。平台方面,能够熟练进行创新平台操作,并能利用平台提供的工具箱快速完成创新活动的顾客,可能是知识水平较高的顾客,相反,需要平台指导、无法独立完成操作的顾客可能是知识水平较低的顾客。

企业可以通过改进创新活动的设计提高顾客知识水平。研究结果表明,无论是文字指导还是图文指导,专家顾客的口碑推荐意愿均高于新手顾客。尽管指导方式和顾客知识没有存在交互效应,但再次验证了顾客知识水平对口碑推荐意愿的影响。企业可以通过改进创新工具箱、优化创新设计界面、为顾客提供前期培训、在设计过程中提供相应的提示和指导等方式,使顾客更容易理解和操控创新任务,并在任务过程中为顾客提供更多的支持,从而提高顾客的知识水平,进而自发产生口碑推荐行为。

企业可以根据顾客不同程度的知识水平来设置素材模式。研究结果表明,提供素材和顾客知识水平对口碑推荐意愿的影响存在交互效应,这就给企业很好的实践启示。通过各种方法区分出顾客不同程度知识水平后,可以合理设置与之相对应的素材模式。对于知识水平较高的顾客,可以通过提供更大的设计空间,也即个性化素材来鼓励顾客创造出更符合自己偏好的产品从而做出口碑推荐。比如在电脑游戏领域,很多企业允许用户完全自由地设计他们自己角色和地图的工具箱,从而对原创者起到积极影响。然而,当顾客知识水平较低时,模板化素材反而会更加匹配,可以通过设置工具箱功能,利用顾客的资料和相关特征相匹配的推荐系统,测试出符合顾客偏好的模板形式。

7.4　未来展望

首先,本书主要从心理层面,特别是顾客对社区的心理依附这一情感视角来验证顾客参与创新对口碑推荐意愿的影响效应,然而创新社区本身就是一个功能强大的信息技术平台,这个平台可以为用户提供一组灵活而强大的信息工具,未来的研究可以从技术角度、信息决策等视角考虑如何使技术工具组合和创新顾客更好的匹配,使顾客获得更好的创新体验,更大限度的激励创新顾客提高其正面分享意愿,使口碑效应最大化。

其次,在验证创新顾客口碑的形成机理中,主要考虑关系强度、社区氛围的调节作用,未来研究可以考虑加入其他因素,如产品涉入度、参与社区活动难度、企业激励机制等,探讨它们对口碑推荐行为的影响。

再次,本书从实验角度探讨创新顾客口碑的管理层面研究,但在现实的顾客参与创新活动中,顾客知识水平是否能够做到明显区分是一个值得进一步探讨的议题。以后的研究可以人为地对实验主题和实验刺激进行进一步操控,尝试进行多次实验或采用创新工具箱加以控制,以验证顾客知识与各调节因素的匹配度。

最后,本书的实验设计中社区类型局限在手机品牌社区等,未来研究可以考虑在其他品类社区中进行验证,且研究中尚未采用企业实践数据对其研究结果加以验证,关于整体模型的精确性还有待进一步研究。

附 录

附录 A 扎根研究访谈提纲

一、在访谈开始前请您回忆参与品牌社区的情况,并如实填写下列信息

1. 请选择您的性别:男□ 女□

2. 请选择您的年龄段:20 岁以下 □ 20~29 岁 □ 30~39 岁 □ 40~49 岁 □ 50~59 岁 □ 60 岁以及 60 以上 □

3. 您最喜欢的品牌虚拟社区是_____,您注册该社区的时间是_____。

4. 您在该社区的年限:2 年以下 □ 2~3 年 □ 3~4 年 □ 4~5 年 □ 5 年以及以上 □

二、请您介绍您在社区的基本情况

1. 请介绍您在该社区的活跃情况及地位,包括您的登录频率、权限、等级、版块管理等。您认为该社区对您有什么样的意义?

2. 请介绍您在该社区发表帖子的情况,包括发帖的内容、发帖的数量、回帖的数量、评论的数量等。您是怎么看待在社区中通过发帖回帖参与的情况?

3. 请介绍您在该社区参与的其他活动,包括活动参与的描述、您所承担的任务和其他成员的互动等。您是怎么看待在社区中参与活动的?

三、请您介绍您在社区参与创新的情况

1. 现在很多企业都会通过社区收集顾客信息鼓励顾客参与创新,您认为这种方式能够帮助企业实现产品或服务创新吗?

2. 请谈谈您在社区参与创新的一次体验,包括过程描述、心理变化、遇到的问题、参与结果、后续行动等。您认为用户参与创新对于企业有什么意义?

3. 您认为参与社区创新活动过程中,作为社区成员应该具备什么条件或者能力? 这种社区创新活动会对您产生怎样的影响?

四、请谈谈您向他人推荐该社区或品牌的情况

1. 请谈谈您向他人分享的经历,包括推荐该社区、企业、品牌、产品或服务等。您认为您的推荐对他人产生影响了吗?

2. 请结合一次您亲身参与的活动,谈谈您认为怎么样的参与体验会鼓励您向他人进行推荐。

3. 请谈谈您认为社区在鼓励分享上可以改进的地方。如果要更好地管理和运营,您会建议企业采取怎样的策略。

附录 B　顾客参与创新对心理依附的影响研究调查问卷

尊敬的先生/女士：

您好！

本次调查是一项学术性研究，目的是了解顾客参与创新与社区心理依附的关系。本问卷答案没有"对"与"错"之分，请根据自身的实际感受作答即可。我们保证对您的回答完全保密。

衷心感谢您的支持与热心参与！

第一部分

请认真阅读以下材料

在古代苏美尔，有一位战士名为 Sostoras，他辅助国王成功地征服了整个美索不达米亚。因此，他获得了一块由自己统治的土地。10 年后，国王为一场新的战争征召战士。Sostoras 有义务输送一支士兵队伍以援助国王，他必须考虑派谁去指挥这支队伍。

第一个人选是 Tiglath。因为 Tiglath 是他家族的成员之一。任命他有以下几个优点：首先，Sostoras 能够让家族成员看到自己对家族的忠诚，同时能够巩固家族成员对自己的忠诚度；其次，Tiglath 做了指挥官可以增加家族的权力和声望；最后，如果 Tiglath 表现得不错，国王也会感激自己的家族。

第二个人选是 Maghts。因为 Maghts 是一位才华横溢的将军。任命他有以下几个优点：首先，Sostoras 使得一位优秀的将军感激自己，这巩固了 Sostoras 自己领土上的统治；其次，有一个将军（Maghts）作为他的个人代表将会大大增加 Sostoras 的威信；最后，为国王输送一位优秀的将军也会使国王感激自己。因此，有可能从国王那获得奖励。

阅读材料后，请根据您的真实感受作答，并选择符合您个人情况的选项。（"1~5"表示"非常不同意~非常同意"）

1. 如果您是 Sostoras，您会选择任命哪一位？　　　　Tiglath　　　　Maghts
2. 我的快乐取决于我身边的幸福。　　　　　　　　　　1　2　3　4　5
3. 对我来说，保持与集体的和谐非常重要。　　　　　　1　2　3　4　5
4. 我愿意为了我所在的集体牺牲个人利益。　　　　　　1　2　3　4　5
5. 我经常感觉自己与其他人的关系比个人的成就重要。　1　2　3　4　5
6. 对我来说，尊重集体所做的决定是非常重要的。　　　1　2　3　4　5

第二部分

网络创新社区（也称虚拟创新社区）是指企业与顾客积极合作的在线网络，在这个社区平台上，成员之间可以自愿、自由地发展和分享创新知识，实施创新活动。

1. 请问您参加过网络创新社区的创新活动吗？ 有□　没有□

2. 请问您参与过以下哪些创新社区的活动？
a. 小米社区 b. nike + 社区。
c. 华为的花粉俱乐部社区。
d. 星巴克的星享俱乐部社区。
e. 关注某企业的微博账号或微信公众号，并参与社区的创新活动。
f. 其他网络创新社区。
d. 完全没有。

3. 请选择符合您真实情况的选项。（"1～5"表示"非常不同意～非常同意"）

我会经常浏览该社区并参与讨论。	1 2 3 4 5
我会将我的想法告诉社区其他成员。	1 2 3 4 5
当遇到关于产品/服务问题时，我会留言寻求帮助。	1 2 3 4 5
我会积极回答其他成员在社区上的提问。	1 2 3 4 5
我会配合企业在社区中的创新活动并经常参与。	1 2 3 4 5
我会试图维护社区的正常运营。	1 2 3 4 5

4. 请选择符合您真实情况的选项。（"1～5"表示"非常不同意～非常同意"）

我感觉我对企业推出的产品/服务有一定的决定权。	1 2 3 4 5
我感觉我可以影响企业新产品/服务的结果。	1 2 3 4 5
我觉得自己可以影响企业的未来发展。	1 2 3 4 5

5. 请选择符合您真实情况的选项。（"1～5"表示"非常不同意～非常同意"）

如果我没有得到一定的报酬，我不会为社区付出额外的努力。	1 2 3 4 5
我为这个社区多努力工作直接取决于我获得多少报酬。	1 2 3 4 5
为了在这里获得报酬，有必要表现一种恰当的态度。	1 2 3 4 5
我有时要以完全违背我真实价值观的方式做事。	1 2 3 4 5
我告诉我的朋友我是这个社区的成员。	1 2 3 4 5
这个社区可以给我很大的价值感。	1 2 3 4 5
这个社区所体现的价值观对我很重要。	1 2 3 4 5
我感觉到在社区的"主人翁"感而不仅仅是一个成员。	1 2 3 4 5
我发现我的价值观和社区的价值观很相似。	1 2 3 4 5
由于加入社区，我的个人价值观和组织的价值观变得很相似。	1 2 3 4 5
如果这个社区的价值观是不同的，我不会对这个社区有依附感。	1 2 3 4 5
我选择这个社区而不是其他社区的原因是它的价值观。	1 2 3 4 5
当在社区中参与并完成一项创新活动时，我觉得自己很棒。	1 2 3 4 5
当能够为其他成员解答相关问题时，我感到很骄傲。	1 2 3 4 5
当提出的意见受到企业的采纳时，我感到很有成就感。	1 2 3 4 5

第三部分

请根据您的真实情况作答。

1. 您的性别：　　　　　　　　男□　　　　　　　女□
2. 您的年龄：　　　　　　　　18 岁以下□　　　　18~25 岁□
　　　　　　　　　　　　　　 25~36 岁□　　　　36 岁以上□
3. 您的学历：　　　　　　　　大专及以下□　　　本科□　　　　　研究生□
4. 您参与社区的时间：　　　　3 个月及以下□　　3 个月至一年□　　1 年以上□

附录 C　实验一和实验二的实验流程和材料

1. 实验流程

　　您好！感谢您参与本次实验,本次请仔细阅读以下实验步骤,以确保正确完成实验：

　　(1)打开桌面文件"实验流程",将网址复制进浏览器,进入问卷填写界面,开始实验第一部分。

　　(2)打开桌面文件"手机品牌社区",选择您最熟悉或最感兴趣的手机品牌社区,将网址复制进浏览器,进入相应社区(如图示为小米社区)进行浏览并回答相应问题。第一部分用时 25 min。

　　(3)简答题结束后,主持人将控制全部电脑屏幕,进入选择题界面,请勿进行任何操作,根据屏幕显示题目作答,在答题纸相应位置作答每道题目停留 15 s,答题时间 6 min。

　　(4)请根据情景假设结合现实经验填写问卷,在答题纸相应位置作答。

　　(5)完成全部实验,请静坐原座位,待主持人验收完全部数据,按照指引领取实验报酬,完成实验。

2. 低社区氛围情境条

——您所处的品牌社区中，社区成员之间较少互动，内容更新缓慢，社区管理严厉，较少鼓励创新性想法，社区成员发表内容会受到严格审核，有的甚至被屏蔽。

3. 高社区氛围情境条

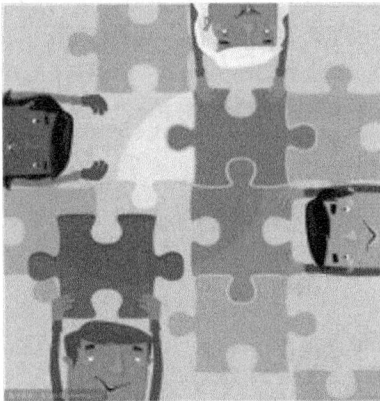

——您所处的品牌社区中，社区成员之间能够相互支持和协助，社区鼓励成员有新奇的观点，能够宽容一些不切实际的想法或意见，让每个成员得到公平对待。

4. 强关系情境条

A 是您现实中的好朋友，你们有共同的生活背景、经历和兴趣爱好，在线上线下都有联系，经常见面聊天，清楚各自的生活、学习、工作近况，也会在网上进行互动，在各个社交平台中聊天、玩游戏等。

5.弱关系情境条

A 是您现实中的朋友,你们没有太多共同经历,偶尔会在线上线下联系,对各自的生活、学习、工作近况略有耳闻,会因学习、工作而有接触,但仅限于日常沟通,没有太多私交。

附录 D　实验三和实验四的实验流程和材料

1.文字指导情境

易企秀 H5 页微场景制作指导

H5 页微场景是当前越来越受欢迎的一种互联网营销形式,很多企业和个人开始运用 H5 技术对企业、产品和个人等进行营销和宣传。目前在国内操作较为方便的工具是易企秀,接下来就为大家简述一下如何快速制作一个 H5 微场景。

步骤一:进入易企秀官网,注册账号并登陆;

步骤二:进入易企秀官网后,点击右上角"创建场景";

步骤三:①选择空模板,自由创作;②选择"教师节"主题的模板。

步骤四:对模板的图片、文字、背景、背景音乐进行修改,如果是创建的空白模板,需要逐一添加背景、图片和文字等内容。

步骤五:对图片、文字的大小、边框、动画等内容进行修改,新手建议沿用模板里设定好的设置。想要对哪个文字或图片进行设置,只需用鼠标右键点击即可。

步骤六:制作完成后,点击发布。

步骤七:对所制作的 H5 进行封面、标题、翻页方式、描述、页尾等内容进行设置。最后,点击"保存设置"。

2.图文指导情境

易企秀 H5 页微场景制作指导

H5 页微场景是当前越来越受欢迎的一种互联网营销形式,很多企业和个人开始运用 H5 技术对企业、产品和个人等进行营销和宣传。目前在国内操作较为方便的工具是易企秀,接下来就为大家简述一下如何快速制作一个 H5 微场景。

步骤一:进入易企秀官网,注册账号并登陆。

步骤二:进入易企秀官网后,点击右上角"创建场景"。

步骤三:①选择空模板,自由创作;②选择"教师节"主题的模板。

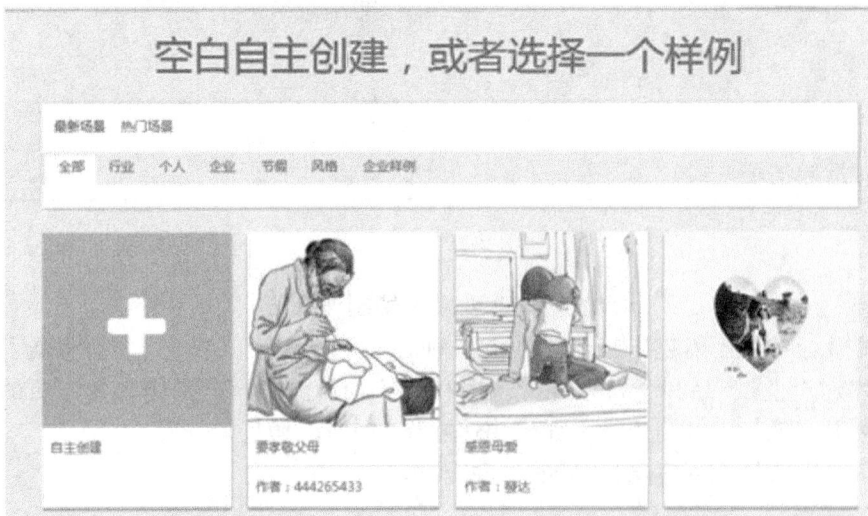

步骤四:对模板的图片、文字、背景、背景音乐进行修改,如果是创建的空白模板,需要逐一添加背景、图片和文字等内容。

步骤五:对图片、文字的大小、边框、动画等内容进行修改。想要对哪个文字或图片进行设置,只需用鼠标右键点击即可。

步骤六：制作完成后，点击发布。

步骤七：对所制作的 H5 进行封面、标题、翻页方式、描述、页尾等内容进行设置。最后，点击"保存设置"。

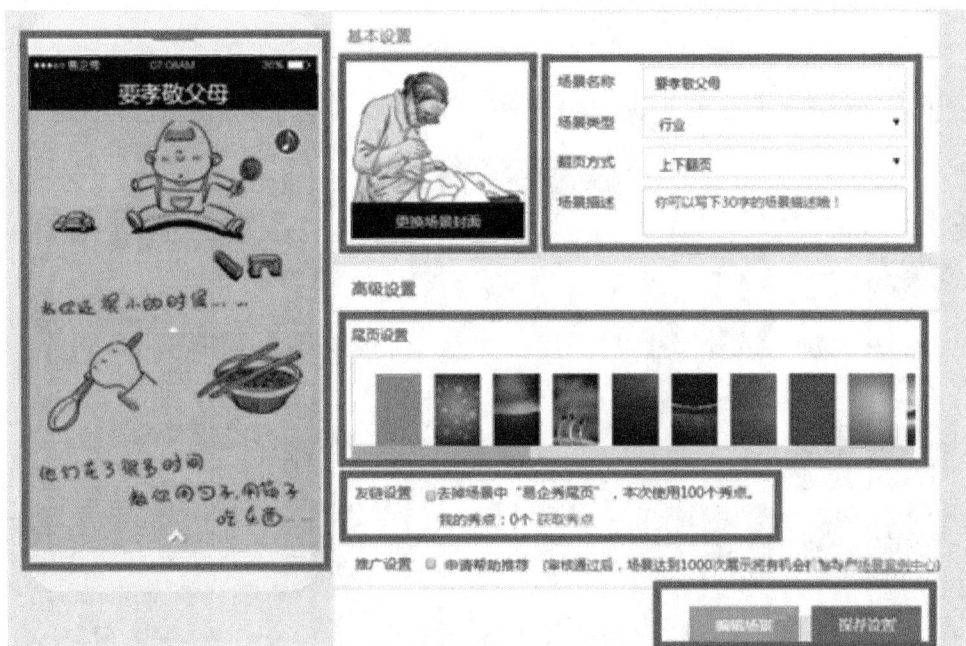

3. 个性化素材

指导语:此次创作主题为"教师节",请您根据该主题,自由选择需要的素材(照片及音乐)在易企秀平台上进行您的个人创作。

4. 模板化素材

指导语:此次创作主题为"教师节",请您根据该主题,选择以下模板库中的素材(照片及音乐)在易企秀平台上进行您的个人创作。

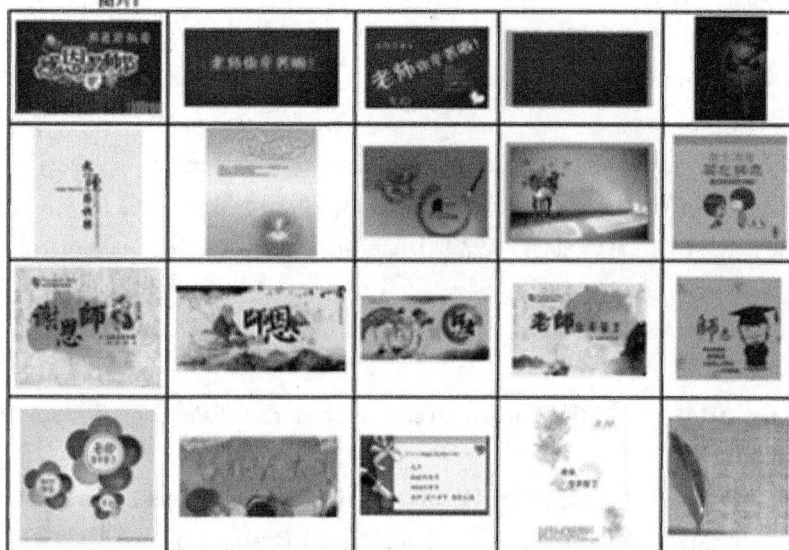

参 考 文 献

[1] ADOMAVICIUS G, TUZHILIN A. 2005. Toward the next generation of recommender systems: A survey of the state-of-the-art and possible extensions[J]. IEEE Transactions on Knowledge and Data Engineering, 17(6):734 – 749.

[2] AGAG G, El-MASRY A A. 2016. Understanding consumer intention to participate in online travel community and effects on consumer intention to purchase travel online and WOM: An integration of innovation diffusion theory and TAM with trust [J]. Computers in Human Behavior, 60:97 – 111.

[3] AHRENS J, COYLE J R, STRAHILEVITZ M A. 2013. Electronic word of mouth: the effects of incentives on e-referrals by senders and receivers[J]. European Journal of Marketing, 47 (7):1034 – 1051.

[4] ALAM I. 2002. An exploratory investigation of user involvement in new service development [J]. Journal of the Academy of Marketing Science, 30(3):250 – 261.

[5] ALBA J W, HUTCHINSON J W. 1987. Dimensions of consumer expertise[J]. Journal of Consumer Research, 13(4):411 – 454.

[6] ALBERT M, THOMAS C O. 2001. Brand community[J]. Journal of Consumer Research, 27 (4):412 – 432.

[7] ALEGRE J, GARAU J. 2010. Tourist satisfaction and dissatisfaction [J]. Annals of Tourism Research, 37(1):52 – 73.

[8] ALEGRE J, SENGUPTA K, LAPIEDRA R. 2013. Knowledge management and innovation performance in a High-tech SME industry[J]. International Small Business Journal, 31(4):454 – 470.

[9] ALEXANDROV A, LILLY B, BABAKUS E. 2013. The effects of social-and self-motives on the intentions to share positive and negative word of mouth[J]. Journal of the Academy of Marketing Science, 41(5):531 – 546.

[10] AMABILE T M, HILL K G, Beth A, HENNESSEY B A, et al. 1994. The work preference inventory: assessing intrinsic and extrinsic motivational orientations [J]. Journal of Personality and Social Psychology, 66(5):950 – 67.

[11] ANDERSON E W, FORNELL C, LEHMANN D R. 1998. Customer satisfaction and word of mouth[J]. Journal of service research, 1(1):5 – 17.

[12] ARNDT J. 1967. Role of product-related conversations in the diffusion of a new product [J]. Journal of Marketing Research, 4(3):291 – 295

[13] ARON A, ARON E, SMOLLAN D. 1992. Inclusion of the other in the self scale and the structure of interpersonal closeness [J]. Journal of Personality and Social Psychology, 63 (4):596 – 612.

[14] AUH S, BELL S J, MCLEOD C S, et al. 2007. Co-production and customer loyalty in financial services[J]. Journal of Retailing, 83(3):359 – 370.

[15] BALASUBRAMANIAN S, MAHAJAN V. 2001. The economic leverage of the virtual community[J]. International Journal of Electronic Commerce,5(3):103 – 138.

[16] BANDURA A. 1991. Social cognitive theory of self-regulation[J]. Organizational Behavior & Human Decision Processes,50(2):248 – 287.

[17] BANDURA A. 1997. The anatomy of stages of change[J]. American Journal of Health Promotion AJHP,12(1):8 – 10.

[18] BANSAL H S, VOYER P A. 2000. Word-of-mouth processes within a services purchase decision context[J]. Journal of Service Research,3(2):166 – 177.

[19] BARKI H, HARTWICK J. 1994. Measuring user participation, user involvement, and user attitude[J]. MIS Quarterly,18(1):59 – 82.

[20] BAUMEISTER R F, LEARY M R. 1995. The need to belong: desire for interpersonal attachments as a fundamental human motivation[J]. Psychological Bulletin,117(3):497 – 529.

[21] BECKER T E. 2017. Foci and bases of commitment: are they distinctions worth making? [J]. Academy of Management Journal,35(1):232 – 244.

[22] BENDAPUDI N, LEONE R P. 2003. Psychological implications of customer participation in co-production[J]. Journal of Marketing,67(1):14 – 28.

[23] BERGER J, MILKMAN K L. 2012. What makes online content viral? [J]. Journal of Marketing Research,49(2):192 – 205.

[24] BERGER J. 2014. Word of mouth and interpersonal communication:a review and directions for future research[J]. Journal of Consumer Psychology,24(4):586 – 607.

[25] BITNER M J. 1990. Evaluating service encounters:the effects of physical surroundings and employee responses[J]. Journal of Marketing,54(2):69 – 82.

[26] BIYALOGORSKY E, GERSTNER E, LIBAI B. 2001. Customer referral management:optimal reward programs[J]. Marketing Science,20(1):82 – 95.

[27] BLAU P M. 1986. Exchange and power in social life[M]. United States:Transaction Publishers.

[28] BLAZEVIC V, HAMMEDI W, GARNEFELD I, et al. 2013. Beyond traditional word-of-mouth:an expanded model of customer-driven influence [J]. Journal of Service Management,24(3):294 – 313.

[29] BONNER J M. 2010. Customer interactivity and new product performance: moderating effects of product newness and product embeddedness [J]. Industrial Marketing Management,39(3):485 – 492.

[30] BRILEY D A, WYER R S. 2002. The effect of group membership salience on the avoidance of negative outcomes: implications for social and consumer decisions [J]. Journal of Consumer Research,29(3):400 – 415.

[31] BRODIE R J, HOLLEBEEK L D, JURIC B, et al. 2011. Customer engagement:conceptual domain, fundamental propositions, and implications for research [J]. Journal of Service Research,14(3):252 – 271.

[32] BRODIE R J, ILIC A, JURIC B, et al. 2013. Consumer engagement in a virtual brand community:an exploratory analysis[J]. Journal of Business Research,66(1):105 – 114.

[33] BROOKS A W,SCHWEITZER M E. 2011. Can nervous nelly negotiate? How anxiety causes negotiators to make low first offers,exit early,and earn less profit[J]. Organizational Behavior and Human Decision Processes,115(1):43 – 54.

[34] BROWN J J,REINGEN P H. 1987. Social ties and word-of-mouth referral behavior[J]. Journal of Consumer Research,14(3):350 – 362.

[35] BRUCE B. 1974. Building organizational commitment:the socialization of managers in work organizations[J]. Administrative Science Quarterly,19(4):533 – 546.

[36] BRUCKS M. 1985. The effects of product class knowledge on information search behavior [J]. Journal of Consumer Research,12(1):1 – 16.

[37] BUECHEL E,BERGER J. 2012. Facebook Therapy? Why do people share self-relevant content online? [C]. Presentation at Association for Consumer Research Conference, Vancouver,BC.

[38] BURKE P J,STETS J E. 2009. Identity Theory[M] New York:Oxford University Press.

[39] BURRIS E R,DETERT J R,CHIABURU D S. 2008. Quitting before leaving:The mediating effects of psychological attachment and detachment on voice [J]. Journal of Applied Psychology,93(4):912 – 922.

[40] CARROLL B A,AHUVIA A C. 2006. Some antecedents and outcomes of brand love[J]. Marketing Letters,17(2):79 – 89.

[41] CHAE H,KO E,HAN J. 2015. How do customers' SNS participation activities impact on customer equity drivers and customer loyalty? Focus on the SNS services of a global SPA brand[J]. Journal of Global Scholars of Marketing Science,25(2):122 – 141.

[42] CHAI S N,SUN H Y,LAU A K. 2010. The impact of innovation management techniques on product innovation performance:an empirical study[C]. Management of Innovation and Technology(ICMIT),2010 IEEE International Conference on. IEEE,432 – 437.

[43] CHAN H C,GOSWAMI S,KIM H W. 2012. An alternative fit through problem representation in cognitive fit theory[J]. Journal of Database Management,23(2):22 – 43.

[44] CHANG W,TAYLOR S A. 2016. The effectiveness of customer participation in new product development:a meta-analysis[J]. Journal of Marketing,1(80):47 – 64.

[45] O'REILLY C,CHATMAN J. 1986. Organizational commitment and psychological attachment:the effects of compliance,identification,and internalization on prosocial behavior[J]. Journal of Applied Psychology,71(3):492 – 499.

[46] CHEN Y,SHI M. 2001. The design and implications of customer recommendation programs [J]. Working paper,Stern School of Business,New York University.

[47] CHEN Z,NICHOLAS H,LURIE N H. 2013. Temporal contiguity and negativity bias in the impact of online word-of-mouth[J]. Journal of Marketing Research,50(4):463 – 76.

[48] CHEUNG C M,LEE M K. 2012. What drives consumers to spread electronic word of mouth in online consumer-opinion platforms[J]. Decision Support Systems,53(1):218 – 225.

[49] CHEVALIER J A,MAYZLIN D. 2006. The effect of word of mouth on sales:online book reviews[J]. Journal of Marketing Research,43:345 – 354.

[50] CHIOU J S,DROGE C,HANVANICH S. 2002. Does customer knowledge affect how loyalty

is formed？［J］. Journal of Service Research,5(2):113 – 24.

［51］ CHRISTINE T E,MARTIN R B. 1999. Impact of participative service relationships on quality,satisfaction and retention:an exploratory study［J］. Journal of Business Research,46 (2):121 – 132.

［52］ CHU S C,CHOI S M. 2011. Electronic word-of-mouth in social networking sites:a cross-cultural study of the United States and China［J］. Journal of Global Marketing,24(3):263 – 281.

［53］ CHUNG C M,DARKE P R. 2006. The consumer as advocate:self-relevance,culture,and word-of-mouth［J］. Marketing Letters,17(4):269 – 279.

［54］ NICLE M V,PATTI W. 2013. Feeling like my self:emotion profiles and social identity［J］. Journal of Consumer Research,40(2):203 – 222.

［55］ COTHREL J P. 2000. Measuring the success of an online community［J］. Strategy and Leadership,28(2):17 – 21.

［56］ CONLEZT F,GUILLÉN M. 2008. Organizational commitment:a proposal for a wider ethical conceptualization of 'normative commitment'［J］. Journal of Business Ethics,78(3):401 – 414.

［57］ CSIKSZENTMIHALYI M,ROCHBERG-HALTON E. 1981. The meaning of things:domestic symbols and the self［M］. United Kingdom:Cambridge University Press.

［58］ CUI A,WU F. 2015. Utilizing customer knowledge in innovation:antecedents and impact of customer involvement on new product performance［J］. Journal of the Academy of Marketing Science,44(4):516 – 538.

［59］ DAFT R L,LENGEL R H. 1984. Information richness:a new approach to managerial behavior and organization design［J］. Research in Organizational Behaviour,14(6):191 – 233.

［60］ DAHAN E,HAUSER J R. 2002. The virtual consumer［J］. Journal of Product Innovation Management,19(5):332 – 353.

［61］ DALKIR K. 2013. Knowledge management in theory and practice［M］. USA:Elsevir.

［62］ BRUYN A D,LILIEN G L. 2008. A multi-stage model of word-of-mouth influence through viral marketing［J］. International Journal of Research in Marketing,25(3):151 – 163.

［63］ MATOS C A,ROSSI C A. 2008. Word-of-mouth communications in marketing:a meta – analytic review of the antecedents and moderators［J］. Journal of the Academy of Marketing Science,36(4):578 – 596.

［64］ KRISTINE V,GERRIT H B,BEREND W. 2009. Virtual communities:a marketing perspective［J］. Decision Support Systems,47(3):185 – 203.

［65］ DECI E,KOESTNER R,RYAN R M. 1999. The undermining effect is a reality after all-extrinsic rewards,task interest,and self-determination:reply to Eisenberger,Pierce,and Cameron and Lepper,Henderlong,and Gingras［J］. Psychological Bulletin,125(6):692 – 700.

［66］ DELLAROCAS C. 2003. The digitization of word-of-mouth:promise and challenges of online feedback mechanisms［J］. Management Science,49(10):1407 – 1424.

［67］ DONG B,SIVAKUMAR K,EVANS K R,et al. 2014. Effect of customer participation on service outcomes:the moderating role of participation readiness［J］. Journal of Service Research,18(2):160 – 176.

[68] DUAN W,GU B,WHINSTON A. 2008. Do online reviews matter?:An empirical investigation of panel data[J]. Decision Support Systems,45(4):1007 – 1016.

[69] DUBOIS D,BONEZZI A,DEANGELIS M. 2016. Sharing with friends versus strangers:how interpersonal closeness influences word-of-mouth valence [J]. Journal of Marketing Research,5(53):712 – 727.

[70] DUBOIS D,RUCKER D,TORMALA Z L. 2011. From rumors to facts,and facts to rumors: the role of certainty decay in consumer communications[J]. Journal of Marketing Research, 48(6):1020 – 1032.

[71] ERICSSON K A,KINTSCH W. 1995. Long-term working memory[J]. Psychological Review,102 (2):211 – 245.

[72] ESCALAS J E,BETTMAN J R. 2005. Self-construal,reference groups,and brand meaning [J]. Journal of Consumer Research,32(3):378 – 389.

[73] FARMER S M,DYNE L V. 2010. The idealized self and the situated self as predictors of employee work behaviors. [J]. Journal of Applied Psychology,95(3):503 – 516.

[74] FIDEL P,SCHLESINGER W, CERVERA A. 2015. Collaborating to innovate:effects on customer knowledge management and performance[J]. Journal of Business Research,68 (7):1426 – 1428.

[75] FISHER C,TERESA A. 2009. Creativity,improvisation and organizations[J]. The Routledge Companion to Creativity,1:13 – 24.

[76] FITZSIMONS G J,LEHMANN D R. 2004. Reactance to recommendations:when unsolicited advice yields contrary responses[J]. Marketing Science,23(1):82 – 94.

[77] FOSS N J,LAURSEN K,PEDERSEN T. 2011. Linking customer interaction and innovation: the mediating role of new organizational practices[J]. Organization,22(4):980 – 999

[78] FRANKE N,SCHREIER M,KAISER U. 2010. The "I designed it myself" effect in mass customization[J]. Management Science,56(1):125 – 140.

[79] FRANKE N,SHAH S. 2003. How communities support innovative activities:an exploration of assistance and sharing among end-users[J]. Research Policy,32(1):157 – 178.

[80] FREEMAN C,ROBERTSON A B,WHITTAKER P J,et al. 1968. Chemical process plant : innovation and the world market[J]. National Institute Economic Review,45(1):29 – 51.

[81] FRENZEN J,NAKAMOTO K. 1993. Structure,cooperation,and the flow of market information [J]. Journal of Consumer Research,20(3):360 – 375.

[82] FU W,DESHPANDE S P. 2014. The impact of caring climate,job satisfaction,and organizational commitment on job performance of employees in a China's insurance company[J]. Journal of Business Ethics,124(2):339 – 349.

[83] FUCHS C,PRANDELLI E,SCHREIER M,et al. 2013. All that is users might not be gold: how labeling products as user designed backfires in the context of luxury fashion brands [J]. Journal of Marketing,77(5):75 – 91.

[84] FUCHS C,PRANDELLI E,SCHREIER M. 2010. The psychological effects of empowerment strategies on consumers' product demand[J]. Journal of Marketing,1(74):65 – 79.

[85] FÜLLER J,MATZLER K,HOPPE M. 2008. Brand community members as a source of

innovation[J]. Journal of Product Innovation Management,25(6):608 – 619.

[86] FURBY L. 1978. Possession in humans:an exploratory study of its meaning and motivation [J]. Social Behavior & Personality An International Journal,6(1):49 – 65.

[87] FURBY L. 1991. Understanding the psychology of possession and ownership:a personal memoir and an appraisal of our progress[J]. Journal of Social Behavior & Personality,6 (6):457 – 463.

[88] GARDNER W L,GABRIEL S,HOCHSCHILD L. 2002. When you and I are "we" you are not threatening:the role of self-expansion in social comparison[J]. Journal of Personality & Social Psychology,82(2):239 – 251.

[89] GEMSER G,PERKS H. 2015. Co-creation with customers:an evolving innovation research field[J]. Journal of Product Innovation Management,32(5):660 – 665.

[90] GILLY M C,GRAHAM J L,WOLFINBARGER M F, et al. 1998. A dyadic study of interpersonal information search[J]. Journal of the Academy of Marketing Science,26(2):83 – 100.

[91] GOFFIN K,KONERS U. 2011. Tacit knowledge,lessons learnt,and new product development [J]. Journal of Product Innovation Management,2(28):300 – 318.

[92] GOLDENBERG J,LIBAI B,MULLER E. 2001. Talk of the network:a complex systems look at the underlying process of word-of-mouth[J]. Marketing letters,12(3):211 – 223.

[93] GRANOVETTER M S. 1973. The strength of weak ties[J]. The American Journal of Sociology,78(6):347 – 367.

[94] GRÉGOIRE Y, FISHER R J. 2008. Customer betrayal and retaliation:when your best customers become your worst enemies[J]. Journal of the Academy of Marketing Science,36 (2):247 – 261.

[95] GRÉGOIRE Y,TRIPP T M,LEGOUX R, et al. 2009. When customer love turns into lasting hate:the effects of relationship strength and time on customer revenge and avoidance[J]. Journal of Marketing,73(6):18 – 32.

[96] GRISAFFE D B,NGUYEN H P. 2011. Antecedents of emotional attachment to brands[J]. Journal of Business Research,10(64):1052 – 1059.

[97] GROSS J J. 2014. Handbook of emotion regulation[M]. New York:The Guilford Press.

[98] GROSS J J. 1998. The emerging field of emotion regulation:an integrative review[J]. Review of General Psychology,2(3):271 – 299.

[99] GRUEN T W,OSMONBEKOV T,CZAPLEWSKI A J. 2006. eWOM:the impact of customer-to-customer online know-how exchange on customer value and loyalty[J]. Journal of Business Research,59(4):449 – 456.

[100] GUPTA P,HARRIS J. 2010. How e-WOM recommendations influence product consideration and quality of choice:a motivation to process information perspective[J]. Journal of Business Research,9(63):1041 – 1049.

[101] HAN S P,SHAVITT S. 1994. Persuasion and culture:advertising appeals in individualistic and collectivistic societies[J]. Journal of Experimental Social Psychology,30(4):326 – 350.

[102] YONG S H, KIM Y G. 2011. Why would online gamers share their innovation: conductive knowledge in the online game user community? Integrating individual motivations and social capital perspective[J]. Computers in Human Behavior, 27(1):956 – 970.

[103] HENKEL J, SANDER J G. 2003. Identifikation innovativer Nutzer in virtuellen Communities [J]. Management der frühen Innovationsphasen, 73 – 102.

[104] HENNIG – THURAU T, GWINNER K P, WALSH G, et al. 2004. Electronic word-of-mouth via consumer-opinion platforms: what motivates consumers to articulate themselves on the Internet? [J]. Journal of Interactive Marketing, 18(1):38 – 52.

[105] HERR P M, KARDES F R, KIM J. 1991. Effects of word-of-mouth and product-attribute information on persuasion: an accessibility-diagnosticity perspective [J]. Journal of Consumer Research, 17:454 – 462.

[106] HIENERTH C, KEINZ P, LETTL C. 2011. Exploring the nature and implementation process of user-centric business models[J]. Long Range Planning, 44(5-6):344 – 374.

[107] HIENERTH C. 2006. The commercialization of user innovations: the development of the rodeo kayak industry[J]. R&D Management, 36(3):273 – 294.

[108] HO J Y, DEMPSEY M. 2010. Viral marketing: motivations to forward online content[J]. Journal of Business Research, 63(9 – 10):1000 – 1006.

[109] HOLBROOK M B, GARDNER M P. 2000. Illustrating a dynamic model of the mood-updating process in consumer behavior[J]. Psychology & Marketing, 17(3):165 – 194.

[110] HOLLAND R W, ROEDER U R, BAAREN R B, et al. 2004. Don't stand so close to me: the effects of self-construal on interpersonal closeness[J]. Psychological Science, 15(4): 237 – 242.

[111] HOLLEBEEK L D, GLYNN M S, BRODIE R J. 2014. Consumer brand engagement in social media: conceptualization, scale development and validation [J]. Journal of Interactive Marketing. 28(2):149 – 165.

[112] HOYER W D, CHANDY R, MATILDA D, et al. 2010. Consumer cocreation in new product development[J]. Journal of Service Research, 13(3):283 – 296.

[113] HUI M K, BATESON J. 1991. Perceived control and the effects of crowding and consumer choice on the service experience[J]. Journal of Consumer Research, 18(9):174.

[114] HUNT S, MORGAN R M. 1994. Organizational commitment: one of many commitments or key mediating construct? [J]. Academy of Management Journal, 37(6):1568 – 1587.

[115] HUNTON, JAMES E. 1996. User participation in defining system interface requirements: an issue of procedural justice[J]. Journal of Information Systems, 10(1):27 – 47.

[116] JEPPESEN L, FREDERIKSEN L. 2006. Why do users contribute to firm-hosted user communities? The case of computer-controlled music instruments[J]. Organization Science, 17(1):45 – 63.

[117] JIN L, HUANG Y. 2014. When giving money does not work: the differential effects of monetary versus in-kind rewards in referral reward programs[J]. International Journal of Research in Marketing, 31(1):107 – 116.

[118] KAHNEMAN D, KNETSCH J L, THALER R H. 1991. The endowment effect, loss

aversion,and status quo bias[J]. Journal of Economic Perspectives,5(1):193 –206.

[119] KAHNEMAN D,THALER R H. 1990. Experimental tests of the endowment effect and the coase theorem[J]. Journal of Political Economy,98(6):1325 –1348.

[120] KALTCHEVA V D,PATINO A,LARIC M V,et al. 2014. Customers' relational models as determinants of customer engagement value[J]. Journal of Product & Brand Management, 23(1):55 –61.

[121] KANG J H,MATUSIK J G,KIM T,et al. 2016. Interactive effects of multiple organizational climates on employee innovative behavior in entrepreneurial firms: a cross-level investigation[J]. Journal of Business Venturing,31(6):628 –642

[122] KAVANAUGH A,CARROLL J M,ROSSON M B,et al. 2005. Community networks:where offline communities meet online [J]. Journal of Compute-Mediated Communication, 10 (4):00 –00.

[123] LAURSEN K,SALTER A. 2006. Open for innovation: the role of openness in explaining innovation performance among U. K. manufacturing firms [J]. Strategic Management Journal,27(2):131 –150.

[124] KENG C J,HUANG T L,ZHENG L J,et al. 2007. Modeling service encounters and customer experiential value in retailing: an empirical investigation of shopping mall customers in Taiwan[J]. International Journal of Service Industry Management,18(4):349 –367.

[125] KING R A,RACHERLA P,BUSH V D. 2014. What we know and don't know about online word-of-mouth: a review and synthesis of the literature [J]. Journal of Interactive Marketing,28(3):167 –183.

[126] KLEINE, SUSAN S,KERNAN J B. 1993. Mundane consumption and the self: a social identity perspective[J]. Journal of Consumer Psychology,2(3):209 –235.

[127] KOHLER T,FUELLER J,MATZLER K, et al. 2011. Co-creation in virtual worlds: the design of the user experience[J]. MIS Quarterly,35(3):773 –788.

[128] KOZINETS R V. 1999. E-tribalised marketing: the strategic implications of virtual communities of consumption[J]. European Management Journal,17(3):252 –264.

[129] KOZINETS R,WOJNICKI A C,WILNER S J, et al. 2010. Networked narratives: Understanding word-of-mouth marketing in online communities[J]. Journal of Marketing,74: 71 –89.

[130] KU Y C,CHIH P W, HAN W H. 2012. To whom should I listen? Finding reputable reviewers in opinion sharing communities [J]. Decision Support Systems, 53 (3): 534 –542.

[131] KUESTER M, BENKENSTEIN M. 2014. Turning dissatisfied into satisfied customers: how referral reward programs affect the referrers attitude and loyalty toward the recommended service provider[J]. Journal of Retailing & Consumer Services,21(6):897 –904.

[132] KUMAR V, AKSOY L, DONKERS B, et al. 2010. Undervalued or overvalued customers: capturing total customer engagement value[J]. Journal of Service Research, 13 (3):297 –310.

[133] KYUNG E J,MENON G,TROPE Y. 2014. Construal level and temporal judgments of the

past:the moderating role of knowledge[J]. Psychonomic Bulletin & Review,21(3):734 – 739.

[134] LAVELLE J J,BROCKNER J,KONOVSKY M A. 2009. Commitment,procedural fairness, and organizational citizenship behavior:a multifoci analysis[J]. Journal of Organizational Behavior,30(3):337 – 357.

[135] LEE D,KIM H S,KIM J K. 2012. The role of self-construal in consumers' electronic word of mouth(eWOM) in social networking sites:A social cognitive approach[J]. Computers in Human Behavior,28:1054 – 1062.

[136] LEE H,JEONG S,SUH Y. 2014. The influence of negative emotions in an online brand community on customer innovation activities[C]//System Sciences(HICSS),2014 47th Hawaii International Conference on IEEE,1854 – 1863.

[137] LEE K T,KOO D M. 2012. Effects of attribute and valence of e-WOM on message adoption:moderating roles of subjective knowledge and regulatory focus[J]. Computers in Human Behavior,28(5):1974 – 1984.

[138] LEE M,YOUN S. 2009. Electronic Word of Mouth(eWOM)[J]. International Journal of Advertising,28(3):473 – 499.

[139] LEEK S,CHRISTODOULIDES G. 2009. Next-generation mobile marketing:how young consumers react to bluetooth-enabled advertising[J]. Journal of Advertising Research,1 (49):44 – 53.

[140] LEROY J,COVA B,SALLE R. 2013. Zooming in VS zooming out on value co-creation: consequences for BtoB research[J]. Industrial Marketing Management,42(7):1102 – 1111.

[141] LESKOVEC J,ADAMIC L A,HUBERMAN B A. 2007. The dynamics of viral marketing [J]. ACM Transactions on the Web(TWEB),1(1):5.

[142] LI C,BERNOFF J. 2011. Groundswell,expanded and revised edition:winning in a world transformed by social technologies[J]. Journal of Information Privacy & Security,29(1): 75 – 78.

[143] NGO L V,O'CASS A. 2013. Innovation and business success:the mediating role of customer participation[J]. Journal of Business Research,66(8):1134 – 1142.

[144] LIONETTA W G. 1977. Sources of innovation within the pultrusion industry[R]. S. M thesis,MIT Sloan School of Management.

[145] LIU,Y. 2006. Word of mouth for movies:its dynamics and impact on box office revenue [J]. Journal of Marketing,70(3):74 – 89.

[146] LOBLER H,WELK M. 2004. Optimal prices and rewards when customers generate autonomous referrals and when free riding occurs[J]. Working Paper, University of Leipzi.

[147] LÓPEZ M,SICILIA M,HIDALGO-ALCÁZAR C. 2016. WOM marketing in social media [M]// Advertising in New Formats and Media:Current Research and Implications for Marketers.

[148] LOURO M J,ZEELENBERG M,PIETERS R. 2005. Negative returns on positive emotions: the influence of pride and self-regulatory goals on repurchase decisions[J]. Journal of

Consumer Research,31(4):833 - 840.

[149] LOVETT M J,PERES R,SHACHAR R. 2013. On brands and word of mouth[J]. Journal of marketing research,50(4):427 - 444.

[150] ABRANTES J L,SEABRA C,LAGES C R,et al. 2013. Drivers of in-group and out-of-group electronic word-of-mouth (eWOM)[J]. European Journal of Marketing,47(7): 1067 - 1088.

[151] LUIS V C,CARLOS F,MIGUEL G. 2010. Relationship quality,community promotion and brand loyalty in virtual communities:evidence from free software communities[J]. International Journal of Information Management,30(4):357 - 367.

[152] LUO L,TOUBIA O. 2015. Improving online idea generation platforms and customizing the task structure based on consumers' domain specific knowledge[J]. Journal of Marketing, 79(5):100 - 114.

[153] LUSCH R F,NAMBISAN S. 2015. Service innovation:a service-dominant logic perspective [J]. MIS Quarterly,39(1):155 - 175.

[154] LUSCH R F,VARGO S L. 2006. Service-dominant logic:reactions, reflections and refinements[J]. Marketing Theory,6(3):281 -288.

[155] MANZO L,PERKINS D. 2006. Finding common ground:the importance of place attachment to community participation and planning[J]. Journal of Planning Literature,20 (4):335 - 350.

[156] MAGALHAES R,MUSALLAM B. 2014. Investigating electronic word-of-mouth motivations in the Middle East:Twitter as medium and message[J]. Journal of Electronic Commerce in Organizations(JECO),12(3):40 - 59.

[157] MAHESWARAN D,STERNTHAL B. 1990. The effects of knowledge,motivation and type of message on ad processing and product judgments[J]. Journal of Consumer Research,17 (1):66 - 73.

[158] MARKUS H R,KITAYAMA S. 1991. Culture and the self:implications for cognition, emotion,and motivation[J]. Psychological Review,98(2):224 - 253.

[159] MARTOVOY A,SANTOS J D. 2012. Co-creation and co-profiting in financial services[J]. International Journal of Entrepreneurship and Innovation Management, 16 (1/2): 114 - 135.

[160] MASOUD K, SOMAYE M, KEYVAN T, et al. 2014. Customer satisfaction and recommendation behaviour:the case of MTN in Iran[J]. Middle East Journal of Management,1(3):276 - 297.

[161] MCALEXANDER,H,SCHOUTEN J,KOENIG H F. 2002. Building Brand Community[J]. Journal of Marketing,66(1):38 - 54.

[162] MCMILLAN D W,CHAVIS D M. 1986. Sense of community:a definition and theory[J]. Journal of Community Psychology,14(1):6 - 23.

[163] MENGUC B,AUH S,YANNOPOULOS P. 2014. Customer and supplier involvement in design:the moderating role of incremental and radical innovation capability[J]. Journal of Product Innovation Management,31(2):313 - 328.

[164] MEYER J P, ALLEN N J. 1984. Testing the "Side-Bet Theory" of organisational commitment: some methodological considerations[J]. Journal of Applied Psychology,69(3):372 – 378.

[165] MITCHELL A, DACIN P. 1996. The assessment of alternative measures of consumer expertise[J]. Journal of Consumer Research,23(3):21 – 239.

[166] MITTAL B. 2006. I, meand mine: how products become consumers' extended selves[J]. Journal of Consumer Behaviour,5(6):550 – 562.

[167] MOGHADDAM J Y, AKHAVAN P, MEHRALIAN G. 2015. Intellectual capital, ethical climate and organizational performance: an interaction analysis[J]. International Journal of Learning and Intellectual Capital,12(3):232 – 250.

[168] MONEY R, GRAHAM J, GILLY M. 1998. Explorations of national culture and word-of-mouth referral behavior in the purchase of industrial services in the United States and Japan[J]. Journal of Marketing,62(4):76 – 87.

[169] MORRISON P D, ROBERTS J H, MIDGLEY D F. 2004. The nature of lead users and measurement of leading edge status[J]. Research Policy,33(2):351 – 362.

[170] MOWEN J C, YOUNG C E, SILPAKIT P. 1985. A comparison of the university of Michigan and conference board indices of consumer economic attitudes[J]. Advances in Consumer Research,532 – 537.

[171] MUDAMBI S M, SCHUFF D. 2010. What makes a helpful online review? A study of customer reviews on Amazon. Com[J]. MIS Quarterly,1(34):185 – 200.

[172] MUNIZ JR A M, SCHAU H J. 2005. Religiosity in the abandoned apple newton brand community[J]. Journal of Consumer Research,31(4):737 – 747.

[173] MUNZEL A, KUNZ W H. 2014. Creators, multipliers, and lurkers: who contributes and who benefits at online review sites[J]. Journal of Service Management,25(1):49 – 74.

[174] NAMBISAN S, BARON R A. 2010. Different roles, different strokes: organizing virtual customer environments to promote two types of customer contributions. [J]. Organization Science,21(2):554 – 572.

[175] NARODITSKIY V, STEIN S, TONIN M, et al. 2014. Referral incentives in crowdfunding [C].//IZA Discussion Paper No. 7995, November01, HCOMP2014: AAAI Conference on Human Computation&Crowd sourcing.

[176] NESTA L, SAVIOTTI P P. 2005. Coherence of the knowledge base and the firm's innovative performance: evidence from the U. S. pharmaceutical industry [J]. Journal of Industrial Economics,53(1):123 – 142.

[177] NONAKA I. 1994. A dynamic theory of organizational knowledge creation[J]. Oranization Science,5(1):14 – 37

[178] NONAKA I, TOYAMA R, KONNO N. 2000. SECI, ba and leadership: a unified model of dynamic knowledge creation[J]. Long Range Planning,33(1):5 – 34.

[179] NORTON M I, VILLANUEVA J, WATHIEU L. 2008. elBulli: the taste of innovation[J]. Harvard Business School Cases:1 – 21.

[180] NORTON M I, MOCHON D, ARIELY D. 2012. The IKEA effect: when labor leads to love [J]. Journal of Consumer Psychology,22(3):453 – 460.

[181] OGAWA S. 1998. Does sticky information affect the locus of innovation? Evidence from the Japanese convenience-store industry[J]. Research Policy,26(7 - 8):777 - 790.

[182] SUSUMU O,FRANK T,PILLER. 2006. Reducing the risks of new product development [J]. Sloan Management Review,47(2):65 - 71.

[183] OKAZAKI S. 2009. Social influence model and electronic word of mouth[J]. International Journal of Advertising,28(3):439 - 472.

[184] OSTROM E. 2000. Collective action and the evolution of social norms[J]. Journal of Economic Perspectives,14(3):137 - 158.

[185] OYSERMAN D. 2009. Identity-based motivation:implications for action-readiness,procedural-readiness,and consumer behavior[J]. Journal of Consumer Psychology,19(3):250 - 260.

[186] PACKARD G,WOOTEN D B. 2013. Compensatory knowledge signaling in consumer word-of-mouth[J]. Journal of Consumer Psychology,23(4):434 - 450.

[187] PALMATIER R W,HOUSTON M B,DANT R P,et al. 2013. Relationship velocity:toward a theory of relationship dynamics[J]. Journal of Marketing,77(1):13 - 30.

[188] PANSARI A, KUMAR V. 2016. Customer engagement: the construct, antecedents, and consequences[J]. Journal of the Academy of Marketing Science,45(3):294 - 311.

[189] PARK C,LEET M. 2009. Antecedents of online reviews'usage and purchase influence:an empirical comparison of US and Korean consumers[J]. Journal of Interactive Marketing, 23(4):332 - 340.

[190] PARK D H, KIM S. 2008. The effects of consumer knowledge on message processing of electronic word-of-mouth via online consumer reviews[J]. Electronic Commerce Research and Applications,7(4):399 - 410.

[191] PATTNAIK R. 2014. Role of leadership and organizational vision in inducing employee psychological attachment towards the organization[J]. Asian Journal of Management,5 (4):401 - 405.

[192] KRISTENSSON P,GUSTAFSSON A,ARCHER T. 2004. Harnessing the creative potential among users[J]. Journal of Product Innovation Management,21(1):4 - 14.

[193] PIENIAK Z, VERBEKE W, SCHOLDERER J. 2010. Health-related beliefs and consumer knowledge as determinants of fish consumption [J]. Journal of Human Nutrition and Dietetics,23(5):480 - 488.

[194] PIERCE J L, KOSTOVA T, DIRKS K. 2003. The state of psychological ownership: integrating and extending a century of research[J]. Review of General Psychology,7(1): 84 - 107.

[195] PIERCE J L,TATIANA K,DIRKS K T. 2001. Toward a theory of psychological ownership in organizations[J]. Academy of Management Review,26(2):298 - 310.

[196] PILLER F T, IHL C, VOSSEN A. 2010. A typology of customer co-creation in the innovation process[J]. SSRN Electronic Publishing,4:1 - 26.

[197] PILLER F T, REICHWALD R. 2009. Wertschöpfungsprinzipien von open innovation [M]// Kommunikation als Erfolgsfaktor im Innovations management. Gabler:105 - 120.

[198] PRAHALAD C K,KRISHNAN M S. 2008. The new age of innovation. Driving cocreated

value through global networks. New York, NY: McGraw Hill.

[199] PRAHALAD C K, RAMASWAMY V. 2000. Co-opting customer competence[J]. Harvard Business Review, 78(1): 79.

[200] PRÜGL R, SCHREIER M. 2006. Learning from leading-edge customers at the Sims: opening up the innovation process using toolkits[J]. R&D Management, 36(3): 237 –250.

[201] RANAWEERA C, MENON K. 2013. For better or for worse? Adverse effects of relationship age and continuance commitment on positive and negative word of mouth[J]. European Journal of Marketing, 47(10): 1598 – 1621.

[202] READE C. 2001. Antecedents of organizational identification in multinational corporations: fostering psychological attachment to the local subsidiary and the global organization[J]. The International Journal of Human Resource Management, 12(8): 1269 –1291.

[203] RESNICK P, ZECKHAUSER R, FRIEDMAN E, et al. 2000. Reputation systems [J]. Communications of the ACM, 43(12): 45 – 48.

[204] RIMÉ B. 2009. Emotion elicits the social sharing of emotion: theory and empirical review [J]. Emotion Review, 1(1): 60 – 85.

[205] RIMÉ B. 2007. Interpersonal emotion regulation[M]. Handbook of emotion regulation: 466 –485. New York: Guilford Press.

[206] ROWLEY J. 2002. Reflections on customer knowledge management in e-business [J]. Qualitative Market Research, 5(4): 268 – 280.

[207] RYU G, FEICK L. 2007. A penny for your thoughts: referral reward programs and referral likelihood[J]. Journal of Marketing, 71(1): 84 – 94.

[208] HUENONEN S, RITALA P, ELLONEN H K. 2016. The role of knowledge-integration practices in service innovation products [J]. International Journal of Innovation Management, 171(2): 221 – 230.

[209] SÁNCHEZ – GONZÁLEZ G, GONZÁLEZ-ÁLVAREZ N, NIETO M. 2009. Sticky information and heterogeneous needs as determining factors of R&D cooperation with customers. Research Policy, 38(10): 1590 – 1603.

[210] SAWHNEY M, PRANDELLI E. 2000. Communities of creation: managing distributed innovation in turbulent markets[J]. California Management Review, 42(4): 24 – 54.

[211] SCHAU H J, ALBERT M. 2002. Brand communities and personal identities: negotiations in cyberspace[J]. Advances in Consumer Research, 29(1): 344 – 349.

[212] SCHIVINSKI B, CHRISTODOULIDES G, DABROWSKI D. 2016. Measuring consumers' engagement with brand-related social-media content: development and validation of scale that identifies levels of social-media with brands[J]. Journal of Advertising Research, 56 (1): 1 – 18.

[213] SCHMIDT H G, BOSHUIZEN H P. 1993. On the origin of intermediate effects in clinical case recall[J]. Memory & Cognition, 21(3): 338 – 351.

[214] SCHMITT P, SKIERA B, BULTE C. 2011. Referral programs and customer value[J]. Journal of Marketing, 75(1): 46 – 59.

[215] SCHREIER M, FUCHS C, DAHL D W. 2012. The innovation effect of user design: exploring consumers' innovation perceptions of firms selling products designed by users [J]. Journal of Marketing,76(5):18 - 32.

[216] SCHREIER M, OBERHAUSER S, PRÜGL R. 2006. Lead users and the adoption and diffusion of new products: insights from two extreme sports communities[J]. Marketing Letters,18(1 - 2):15 - 30.

[217] SEYBOLD A. 2006. The European wireless experience[J]. Wireless Week,18(12):29.

[218] SHELDON M E. 1971. Investments and involvements as mechanisms producing commitment to the organization[J]. Administrative Science Quarterly,16:143 - 150.

[219] SICILIA M, DELGADO-BALLESTER E, PALAZON M. 2016. Need to belong and self-disclosure in positive word-of-mouth behaviours: the moderating effect of self-brand connection[J]. Journal of Consumer Behaviour,15(1):60 - 71.

[220] WARRINGTON T. 2002. The secrets of word-of-mouth marketing: how to trigger exponential sales through runaway word of mouth[J]. Journal of Consumer Marketing,19 (4):364 - 366.

[221] SINGELIS T M. 1994. The measurement of independent and interdependent self-construals [J]. Personality & Social Psychology Bulletin,20(5):580 - 591.

[222] SMITH H A,MCKEEN J D. 2005. Customer knowledge management: adding value for our customers[J]. Communications of the Association for Information Systems,16(1):743 - 755.

[223] SOHN D Y. 2009. Disentangling the effects of social network density on electronic word-of-mouth(eWOM) intention[J]. Journal of Computer-Mediated Communication,14(2):352 - 367.

[224] SPENCER S J, FEIN S, LOMORE C D. 2001. Maintaining one's self-image vis-à-vis others: the role of self-affirmation in the social evaluation of the self[J]. Motivation and Emotion,(25):41 - 65.

[225] STAPEL D A,KOOMEN W. 2001. I,we,and the effects of others on me: how self-construal level moderates social comparison effects[J]. Journal of Personality & Social Psychology, 80(5):766 - 781.

[226] SUN S Y, CHEN L S. 2014. Exploring the servicing effectiveness of social media in customers' electronic word of mouth(eWOM)[J]. International Journal of Organizational Innovation,6(3):63 - 68.

[227] SUN T,YOUN S,WU G H,et al. 2006. Online word-of-mouth(or mouse): an exploration of its antecedents and consequences[J]. Journal of Computer-Mediated Communication, 11(4):1104 - 1127.

[228] SUNDARAM D S, MITRA K, WEBSTER C. 1998. Word-of-mouth communications: a motivational analysis[J]. Advances in Consumer Research,25:527 - 531

[229] TAIFEL H. 1978. Interindividual behavior and intergroup behavior differentiation between groups: studies in the social psychology of intergroup relations [M]. London: Academic Press.

［230］TAJFEL H. 2003. Social psychology of intergroup relations［J］. Annual Review of Psychology,33(1):1 - 39.

［231］TAY N S, LUSCH R F. 2007. Agent-based modeling of ambidextrous organizations: virtualizing competitive strategy［J］. Intelligent Systems IEEE,22(5):50 - 57.

［232］TEETS J M,TEGARDEN D P,RUSSELL R S. 2010. Using cognitive fit theory to evaluate the effectiveness of information visualizations: an example using quality assurance data［J］. IEEE Transactions on Visualization and Computer Graphics,16(5):841 - 853.

［233］THALER R. 1980. Toward a positive theory of consumer choice［J］. Journal of Economic Behavior & Organization,1(1):39 - 60.

［234］THOMPSON D,MALAVIYA P. 2013. Consumer-created advertising:does awareness of advertising co-creation help or hurt persuasion?［J］. Journal of Marketing,77(3):33 - 47.

［235］TONG Y, WANG X W, TEO H. 2007. Understanding the intention of information contribution to online feedback systems from social exchange and motivation crowding perspectives［C］. Proceedings of the 40th. Hawaii International Conference on System Sciences,January 03,Hilton Waikoloa Village,Big Island.

［236］TOST L P,GINO F,LARRICK R P. 2012. Power,competitiveness,and advice taking:why the powerful don't listen［J］. Organizational Behavior and Human Decision Processes, 117(1):53 - 65.

［237］TOUBIA O,STEPHEN A T. 2013. Intrinsic versus image-related utility in social media: why do people contribute content to Twitter?［J］. Marketing Science,32(3):368 - 392.

［238］TRAFIMOW D,TRIANDIS H C,GOTO S G. 1991. Some tests of the distinction between the private self and the collective self［J］. Journal of Personality & Social Psychology,60 (5):649 - 655.

［239］TUMBAT G,BELK R W. 2011. Marketplace tensions in extraordinary experiences［J］. Journal of Consumer Research,38(1):42 - 61.

［240］UYAR A,KARACA Y. 2014. Influence of opinion leaders on the diffusion of innovative products:a study on smartphone users［J］. Journal of Business Economics & Finance,3 (2):233 - 246.

［241］VARGO S L,LUSCH R F. 2004. Evolving to a new dominant logic for marketing［J］. Journal of Marketing,68(1):1 - 17.

［242］VESSEY W B,BARRETT J D,MUMFORD M D,et al. 2014. Leadership of highly creative people in highly creative fields:a historio metric study of scientific leaders［J］. The Leadership Quarterly,25(4):672 - 691.

［243］VESSEY I, GALLETTA D. 1991. Cognitive fit:an empirical study of information acquisition［J］. Information Systems Research,2(1):63 - 84.

［244］HIPPEL V E. 2005. Democratizing Innovation. Cambridge,MA:MIT Press.

［245］HIPPEL V E. 1994. "Sticky information"and the locus of problem solving:implications for innovation［J］. Management science,40(4):429 - 439.

［246］HIPPEL V E. 1977. The dominant role of users in the semiconductor and electronic subassembly process innovation［J］. IEEE Transactions on Engineering Management,24(2):

60 – 71.

[247] HIPPEL V E. 1977. Transferring process equipment innovations from user-innovators to equipment manufacturing firms [J]. R&D management,8(1):13 – 22.

[248] HIPPEL V E. 2001. User toolkits for innovation [J]. Journal of Product Innovation Management,18(4):247 – 257.

[249] HIPPEL V EE, KATZ R. 2002. Shifting innovation to users via toolkits [J]. Management Science,48(7):821 – 833.

[250] WANG Y, HAGGERTY N. 2011. Individual virtual competence and its influence on work outcomes[J]. Journal of Management Information Systems,27(4):299 – 334

[251] WANGENHEIM V, BAYÓN F T. 2004. The effect of word of mouth on services switching: measurement and moderating variables[J]. European Journal of Marketing,38(9/10): 1173 – 1185.

[252] WATHIEU L, BRENNER L, CARMON Z, et al. 2002. Consumer control and empowerment:a primer[J]. Marketing Letters,13(3):297 – 305.

[253] WHYTE W H. 1954. The web of word of mouth[J]. Fortune,50(5):140 – 143.

[254] WILEY J. 1996. Expertise as mental set: the effects of domain knowledge in creative problem solving[D]. Pittsburgh,Pennsylvania:Univ. of Pittsburgh.

[255] WILLIAMS L A, DESTENO D. 2008. Pride and perseverance:the motivational role of pride [J]. Journal of Personality and Psychology,94(6):1007 – 1017.

[256] YANG S, HU M, WINER R S, et al. 2012. An empirical study of word-of-mouth generation and consumption[J]. Marketing Science,31(6):952 – 963.

[257] YAP K B, SOETARTO B, SWEENEY J C. 2013. The relationship between electronic word-of-mouth motivations and message characteristics: the sender's perspective [J]. Australasian Marketing Journal(AMJ),21(1):66 – 74.

[258] YBARRA O, TRAFIMOW D. 1998. How priming the private self or collective self affects the relative weights of attitudes and subjective norms[J]. Personality & Social Psychology Bulletin,24(4):362 – 370.

[259] YEH Y H, CHOI S M. 2011. MINI-lovers,maxi-mouths:an investigation of antecedents to eWOM intention among brand community members [J]. Journal of Marketing communications,17(3):145 – 162.

[260] HAU Y S, KIM Y G. 2011. Why would online gamers share their innovation-conducive knowledge in the online game user community? Integrating individual motivations and social capital perspectives[J]. Computers in Human Behavior,27(2):956 – 970.

[261] YOUNGDAHL W E, KELLOGG D L. 1997. The relationship between service customers' quality assurance behaviors, satisfaction, and effort: a cost of quality perspective[J]. Journal of Operations Management,15(1):19 – 32.

[262] ZEITHAML V A. 1996. The behavioral consequences of service quality[J]. Journal of Marketing,60(2):31 – 46.

[263] ZHAO M, XIE J. 2011. Effects of social and temporal distance on consumers'responses to peer recommendations[J]. Journal of Marketing Research,48(3):486 – 496.

[264] 曹忠鹏,周庭锐,陈淑青.2009.关系质量对顾客忠诚及口碑影响效果的实证分析[J].预测,28(2):9-15.

[265] 陈璟菁.2013.顾客参与影响新服务开发绩效的机制研究:以组织学习为中介变量[D].南京:南京理工大学.

[266] 陈斯允,骆紫薇.2017.在线社会支持对顾客创新行为的影响:基于自我效能的中介作用[J].企业经济,(5):64-71.

[267] 邓卫华,易明.2017.基于信息扩散级联理论的网络社区口碑信息树状传播研究[J].管理学报,14(2):254-260.

[268] 董大海,刘琰.2012.口碑、网络口碑与鼠碑辨析[J].管理学报,9(3):428-436.

[269] 冯娇,姚忠.2016.基于社会学习理论的在线评论信息对购买决策的影响研究[J].中国管理科学,24(9):106-114.

[270] 胡倩,林家宝,李蕾,等.2017.社会化商务特性和社会支持对水果消费者购买意愿的影响[J].管理学报,14(7):1095-1104.

[271] 黄敏学,王峰.2011.网络口碑的形成,传播与影响机制研究[M].武汉:武汉大学出版社.

[272] 荆宁宁,黄申奥,李德峰.2017.创新文化、顾客创新、社交媒体与创新质量之间的关系:有调节的中介效应模型[J].宏观质量研究,5(4):121-135.

[273] 廖俊云,黄敏学.2016.基于酒店销售的在线产品评论、品牌与产品销量实证研究[J].管理学报,13(1):122-130.

[274] 林家宝,胡倩,鲁耀斌.2017.社会化商务特性对消费者决策行为的影响研究:基于关系管理的视角[J].商业经济与管理,(1):52-63.

[275] 林萌菲,张德鹏.2015.顾客在线创新和网络口碑传播的关系及策略[J].企业经济,(6):55-59.

[276] 刘敏.2015.互联网环境下顾客创新、顾客互动与顾客体验的关系研究[D].大连:东北财经大学.

[277] 刘善仕,张兰,冯镜铭,等.2016.我创新因为我是主人翁:心理所有权对创新行为影响机制的被调节中介研究[J].科技进步与对策,33(20):128-133.

[278] 楼天阳,陆雄文.2011.虚拟社区与成员心理联结机制的实证研究:基于认同与纽带视角[J].南开管理评论,14(2):14-25.

[279] 马双,王永贵.2015.虚拟品牌社区重在"维系情感"还是"解决问题"?:基于承诺的差异性影响的实证研究[J].经济管理,37(1):77-86.

[280] 孟韬,刘敏.2015.互联网环境下顾客创新、互动机制与顾客体验的关系研究:基于顾客参与创新的动态视角[J].商业研究,61(12):4-10.

[281] 孟韬.2017.品牌社区中管理员支持感、社区支持感与顾客创新行为[J].经济管理,39(12):122-135.

[282] 孟园,王洪伟,王伟.2017.网络口碑对产品销量的影响:基于细粒度的情感分析方法[J].管理评论,29(1):144-154.

[283] 牟宇鹏,吉峰,汪涛,等.2015.顾客参与创新:第三方消费者对产品创新性的感知[J].商业经济与管理,286(8):56-65.

[284] 牛更枫,李根强,耿协鑫,等.2016.在线评论数量和质量对网络购物意愿的影响:认知

需要的调节作用[J].心理科学,(6):1454 – 1459.

[285] 潘海利,黄敏学.2017.用户三元情感关系的形成与差异化影响:满意、依恋、认同对用户行为的交互补充作用[J].南开管理评论,20(4):16 – 26,72.

[286] 秦敏,乔晗,陈良煌.2015.基于 CAS 理论的企业开放式创新社区在线用户贡献行为研究:以国内知名企业社区为例[J].管理评论,27(1):126 – 137.

[287] 秦敏.2014.企业开放式创新社区研究探索与展望[J].江西师范大学学报(哲学社会科学版),47(5):21 – 26.

[288] 沙振权,朱玲梅.2016.虚拟品牌社区中知识分享对社区推广的影响研究:基于社会资本视角[J].营销科学学报,11(4):38 – 47.

[289] 邵景波,张君慧,蔺晓东.2017.什么驱动了顾客契合行为?形成机理分析与实证研究[J].管理评论,29(1):155 – 165.

[290] 孙潇雅,周颖.2017.自我构建理念对网络分享推荐意愿的影响研究[J].软科学,31(4):104 – 107.

[291] 王端旭,洪雁.2011.组织氛围影响员工创造力的中介机制研究[J].浙江大学学报(人文社会科学版),41(2):77 – 83.

[292] 王伟,王洪伟.2016.面向竞争力的特征比较网络:情感分析方法[J].管理科学学报,19(9):109 – 126.

[293] 王亚东,冯喜飞,秦进.2015.U 形还是线性?网络情境下服务补救对口碑传播的影响研究[J].营销科学学报,11(4):91 – 103.

[294] 王永贵.2011.顾客创新论:全球竞争环境下"价值共创"之道[M].北京:中国经济出版社.

[296] 邬金涛,窦文宇,邵丹.2015.互动广告中的顾客创新体验对其品牌态度及行为倾向的影响[J].中大管理研究,10(1):102 – 121.

[296] 谢毅,彭泗清.2014.品牌信任和品牌情感对口碑传播的影响:态度和态度不确定性的作用[J].管理评论,26(2):80 – 91.

[297] 徐岚.2007.顾客为什么参与创造?消费者参与创造的动机研究[J].心理学报,39(2):343 – 354.

[298] 颜静,樊耘,张旭,等.2014.基于自我效能与他人取向交互调节作用的工作场所心理依附与组织公民行为研究[J].管理学报,11(9):1316 – 1325.

[299] 颜静,樊耘,张旭.2016.员工心理依附对其行为的影响:基于中国中小企业的实证研究[J].管理评论,28(4):109 – 122.

[300] 杨洋,胡茜茜,裴学亮.2017.基于小米公司案例的品牌社群认同形成机制的模型构建研究[J].管理学报,14(12):1737 – 1746.

[301] 姚卿,陈荣,赵平.2011.自我构念对想象广告策略的影响与分析[J].心理学报,43(6):674 – 683.

[302] 于春玲,王霞,包呼和.2011.奖励推荐计划口碑对接收者的影响[J].南开管理评论,14(4):59 – 68.

[303] 张德鹏,陈少霞,彭家敏.2014.顾客口碑价值形成机理:基于社会影响理论视角研究[J].预测,33(4):35 – 41.

[304] 张德鹏,林萌菲,陈晓雁,等.2015.顾客参与创新对口碑推荐意愿的影响研究:心理所

有权的中介作用[J].管理评论,27(12):131-140.

[305] 张德鹏,林萌菲,潘嘉欣.2016.顾客参与创新对社区心理依附的影响效应[J].预测,35(6):16-22.

[306] 张德鹏,杨晨晖.2014.顾客参与创新的团队协作激励机制:基于互惠动机公平模型的研究[J].经济管理,(10):147-156.

[307] 张欣,姚山季,王永贵.2014.顾客参与新产品开发的驱动因素:关系视角的影响机制[J].管理评论,26(5):99-110.

[308] 赵建彬,景奉杰.2016.在线品牌社群氛围对顾客创新行为的影响研究[J].管理科学,29(4):125-138.

[309] 郑亚琴,王晓宇,郑文生.2016.微博口碑营销特征对企业品牌价值的影响:基于关系视角的研究[J].财贸研究,(4):120-126.

[310] 朱瑾,林敬梓,王兴元.2017.在线社群氛围对社群成员创新行为的作用机理研究:自我决定视角[J].科技进步与对策,34(8):29-36

[311] 朱丽叶,袁登华,张静宜.2017.在线用户评论质量与评论者等级对消费者购买意愿的影响:产品卷入度的调节作用[J].管理评论,29(2):87-96.

[312] 朱翊敏,于洪彦.2014.顾客融入行为与共创价值研究述评[J].管理评论,26(5):111-119.

[313] 朱翊敏.2013.奖励额度和努力程度对网络推荐意愿的影响:关系强度的调节作用[J].软科学,27(10):10-15.

[314] 朱至文,张黎.2016.客户推荐计划对现有客户忠诚度的影响[J].商业经济与管理,291(1):53-61.